Dieter Theobald

Stets zu Diensten

ALLES HALB SO SCHLIMM

BRUNNEN

VERLAG GIESSEN · BASEL

ABC-team-Bücher erscheinen in folgenden Verlagen:
Aussaat Verlag Neukirchen-Vluyn
R. Brockhaus Verlag Wuppertal und Zürich
Brunnen Verlag Gießen und Basel
Christliches Verlagshaus Stuttgart
Oncken Verlag Wuppertal und Kassel

© der Gesamtausgabe 1996 Brunnen Verlag Gießen
Bisher veröffentlicht als Einzelbände:
D. Theobald, Stets zu Diensten, © 1982 Brunnen Verlag Gießen;
D. Theobald, Alles halb so schlimm,
© 1984 Brunnen Verlag Gießen
Umschlagillustration: Thomas Vogler
Umschlaggestaltung: Ralf Simon
Herstellung: Ebner Ulm
ISBN 3-7655-3532-X

Inhalt

Stets zu Diensten
Heiter-besinnliche Parabeln

„Es war einmal . . .“ So sagt man, fangen alle Märchen an. Obwohl alle Beiträge dieses Büchleins mit „Es war einmal . . .“ beginnen, sind es doch keine Märchen, sondern Parabeln.

Eine „Parabel“, das ist laut Duden „eine lehrhafte Dichtung, die eine allgemeingültige sittliche Wahrheit an einem Beispiel indirekt veranschaulicht“; d. h. es sind moderne Gleichnisse.

Sie mögen nun einwenden: „Warum redest du zu ihnen durch Gleichnisse? Kann man nicht deutsch und deutlich sagen, was zu sagen ist?“

Ja, aber . . . ! Manche Wahrheit — direkt gesagt — trifft zu hart und damit zu wenig. Oder sie wird nur verstanden, aber nicht in ihrem Wesen verarbeitet. Die Parabel nun will uns dahinbringen, das Eigentliche, das Wesentliche herauszuhören und zu erspüren.

Nun sind diese Parabeln mit dem Prädikat „heiterbesinnlich“ versehen. Wer in ihnen allerdings nur heiterlustige Humoresken erblickt, hat wohl noch zu wenig gehört. Wer aber nur die tiefschürfende-ernsthafte Besinnung sucht, dürfte gleichfalls nicht auf seine Rechnung kommen.

„Heiter-besinnlich“, das ist vielmehr eine Mischung, die Besinnliches, Wesentliches im Gewand der Heiterkeit erscheinen läßt und die Heiteres mit jenem Ernst versieht, der nichts Banales zuläßt.

„Heiter-besinnliche Parabeln“ — sie wollen Lachende zum Besinnen und Besinnliche zum Schmunzeln bringen.

Verwendungsmöglichkeiten:
— Sie sollen und wollen zunächst und zuerst dem Leser
  Freude bereiten und ihn zum Nachdenken bringen.
— Sie könnten ein kleines Geschenk und „Mitbringsel"
  für liebe Freunde sein.
— Darüber hinaus werden die Parabeln in der Jugend-
  und Erwachsenenarbeit Anwendung finden als „Ein-
  stieg" oder „Auflockerung", als „Dessert" bei einer be-
  sinnlichen Feier oder als „Gleichnis" in einer Predigt
  oder Bibelarbeit.

Gebrauchsanweisung:
— Bitte nicht ohne abzusetzen in einem Zuge hinunter-
  leeren, sondern genießerisch Schluck für Schluck zu
  sich nehmen.

Dieter Theobald

Es war einmal ein Auto . . .

Kein gewöhnliches Auto. Eins mit einer Auszeichnung. Es trug einen Stern. Und darauf war es mächtig stolz. Noch stolzer aber war der Besitzer des Autos.

Wie alle Autos hatte auch dieses vier Räder mit Reifen. Mit hoher Drehzahl flitzten sie über den Asphalt. Es eilte. Im Terminkalender ihres Herrn stand: Neun Uhr – Verwaltungsratssitzung.

Fast etwas zu schnell bog der besternte Wagen in die Parklücke ein. Die Reifen pfiffen. Es war das Zeichen, daß sie es wieder einmal geschafft hatten.

Nun standen sie in gewohntem Abstand auf dem Parkplatz.

Der Reifen „Links-vorne" stöhnte: „Ich bin so richtig auf den Felgen!", was zum Glück auch stimmte.

„Ach", klagte „Rechts-vorne", „das ist doch kein Leben. Immer unter Druck stehen. Wer hält das schon aus auf die Dauer!"

„Und" – fiel „Links-hinten" in die Klage ein, „man muß sich jeden Dreck gefallen lassen."

Da meldete sich auch „Rechts-hinten" zu Wort: „Ihr seht jetzt nur das Negative. Aber bedenkt doch: Schließlich haben wir Profil, – was viele andere nicht mehr haben."

In die Stille hinein piepste es aus dem Kofferraum: „Und ihr werdet wenigstens gebraucht!" Es war das Ersatzrad.

Es war einmal eine Telegrafenstange . . .

Eine beachtliche Distanz zu ihresgleichen einhaltend, stand sie am Straßenrand. Stolz – majestätisch – gleichförmig. Nur ein paar niedrige Sträucher duckten sich ergeben zu ihren Füßen. Sonst war sie allein. – Darauf legte sie großen Wert. Schließlich war sie etwas Besonderes!
Trotzdem konnte sie ihre Herkunft nicht ganz verleugnen. Stammte sie doch aus der Familie der Nadelhölzer, und war im Kreise vieler Geschwister aufgewachsen.
Aber im Gegensatz zu ihnen hatte sie eine mehr technische Laufbahn eingeschlagen.
So stand sie also am Straßenrand. Stolz und majestätisch. Ihren Kopf und die Ohren hielt sie steif im Wind.
Letztere – in der Fachterminologie spricht man von Isolatoren – waren aus Porzellan.
Durch die Drähte an ihren Ohren war sie an ein sozusagen weltweites Kommunikationsnetz angeschlossen. Wie wichtig mußte sie sein!

In ihrem Stolz über diese gelungene Laufbahn als Telegrafenstange mischte sich lediglich ein Wermutstropfen.
Wohl kitzelten all die Silben, die durch die Drähte eilten, an ihren Ohren. Aber den Sinn und die Zusammenhänge verstand sie nicht. Nicht, daß sie neugierig gewesen wäre! Bewahre! –
Aber man möchte doch auch informiert sein und mitreden können!
So war die Telegrafenstange etwas verärgert, ja sie neigte in ihrer seelischen Grundstruktur beinahe zur Resignation.

Um es ganz schlicht zu sagen: Sie versah ihren Dienst völlig lustlos. Sie hatte kein Ja mehr zu ihrem Auftrag. Dabei übersah sie vollkommen, daß sie für das weltweite Kommunikationsnetz gerade hier an diesem Platz unentbehrlich war.

Es war einmal ein Hosenknopf . . .

Wenn auch nicht gerade wie die Sonne, so doch wie ein Stern am Nachthimmel, prangte er an zentraler Stelle einer Hose. Seine Aufgabe war es, Anfang und Ende des Hosenbundes zu einem sinnvollen Ganzen zu vereinigen. Und er versah seinen Dienst mit großer Treue, wenngleich die kulinarischen Genüsse der Wohlstandsgesellschaft, denen sein Herr in üppiger Weise zusprach, bei ihm immer wieder beträchtliche Spannungen verursachten.

Zum Glück litt er nicht unter Einsamkeit, waren doch einige Dienstkollegen in unmittelbarer Nähe, wenn auch in untergeordneter Funktion.

Allerdings beschränkte sich die kollegiale Solidarität nur auf den Feierabend, wenn die Hose friedlich entspannt über der Stuhllehne hing.

Im Dienst trug er – der oberste Hosenknopf – doch die letzte Verantwortung. Die konnte ihm keiner abnehmen.

Und Verantwortung macht immer auch etwas einsam, das spürte er nun zutiefst.

Doch er wollte nicht darüber klagen!

Wie pflegte sein Vater manchmal zu sagen? „Keine Würde ohne Bürde!"

Es war einmal ein Wegweiser . . .

Er gehörte zum „Verein der Wanderwegfreunde". Als passives Mitglied. Es gab beides in diesem Verein: Aktive und passive Mitglieder. Er aber war nur passives Mitglied. „Das genügt mir", so meinte der Wegweiser.

Sein Platz war in einem reizvollen Gebirgstal, am Fuß eines Zweitausenders. Auf seiner gelben Brust stand in schwarzen Buchstaben: „Fußweg zum Gipfelkreuz – 2 Std. 45 Min."

Wie gesagt, die passive Mitgliedschaft genügte ihm. Schließlich hatte er viel Kontakt mit aktiven Mitgliedern. Oft kamen sie vorbei, blieben stehen, lasen die Inschrift. Sie zeigten zum Gipfel und bewunderten die Majestät der Berge. Dort oben würden sie bald sein!

Der Wegweiser aber sah überhaupt nichts, denn der Berg lag hinter seinem Rücken.

Zwar müde und erschöpft, aber zufrieden und begeistert von der herrlichen Aussicht kamen die aktiven Mitglieder am Abend wieder zum Wegweiser.

Auch er war müde vom vielen Stehen, aber gesehen hatte er nichts. Ein Gefühl des Neides beschlich ihn.

„Ja, voller Ungerechtigkeit ist diese Welt", brummelte er vor sich hin.

Doch da kamen ihm die Worte des Vereinspräsidenten in den Sinn, die er an der letzten Generalversammlung gesagt hatte: „Ans Ziel kommt nur, wer aktiv vorwärtsschreitet!"

Es war einmal eine Flasche . . .

Eine ganz gewöhnliche Flasche. Eine unter vielen. Sozusagen eine Tausendflasche (Dutzendflasche wäre zu exklusiv).

Und doch – wenn man sie genauer besah: *So* gewöhnlich war sie nun auch wieder nicht.

Fast konnte man von einer gewissen Eleganz, ja Schönheit sprechen.

Ihre bauchige Rundung ließ auf innere Größe schließen.

Und dann der schlank-geschmeidige Hals: formvollendet!

Trotzdem litt sie darunter, nur eine Flasche zu sein. Wie oft beschimpften sich die Menschen mit den Worten: „Du Flasche, du!"

Das klang doch wirklich abschätzig, geradezu kränkend.

Dabei – wenn man es so richtig bedachte – hatte sie einen ausschließlich sozial-karitativen Zweck:

In leerem Zustand war sie bereit, sich gebrauchen und füllen zu lassen. Stets zu Diensten!

In vollem Zustand war sie bereit, sich zu verschenken, zu entleeren, auszufließen. Zum Wohl und zur Freude anderer.

„Eigentlich", so überlegte die Flasche, „müßte es eher eine Auszeichnung sein, Flasche genannt zu werden. Was leben wir nur in einer verkehrten Welt!"

In diesem Augenblick griff eine Hand nach ihr und ließ sich ein Glas füllen. Zufrieden tat sie ihren Dienst.

Es war einmal ein Salatkopf . . .

Er war kein verwöhntes Einzelkind, sondern im Frei-
beet der Gärtnerei unter der pädagogisch weisen
Hand seines Gärtners mit vielen Geschwistern
herangewachsen. Hier war kein Platz für Sonderstellun-
gen oder Bevorzugungen. Jeder hatte gleiche Rechte
und gleiche Pflichten.

Trotzdem war unser Salatkopf anders als die andern. Er
war sozusagen das „schwarze Schaf" der Familie, obwohl
er keineswegs extrem über die Schnur schlug oder gar
mit dem Gesetz in Konflikt gekommen wäre.

Er neigte nur dazu, den Mund etwas zu voll zu nehmen.
Er prahlte mit seiner Größe, die allerdings — wollte man
vorurteilsfrei seine Meinung äußern — wirklich das Aus-
maß der andern übertraf.

Nach den Aussagen seines Psychiaters hing dies mit früh-
kindlichen Frustrationserlebnissen zusammen. Man erinnerte sich, daß in der Frühphase seines Daseins unmittel-
bar neben ihm zwei seiner Salatgeschwister plötzlich ge-
storben waren. Der dadurch entstandene Platz bot unse-
rem Salatkopf den Freiraum zu dieser ungewöhnlichen
Größe.

Um wieder zur Gegenwart zu kommen: Wie oft geschah
es, daß sich der Salatkopf arrogant-spöttisch an den Kopf
tippte und bemerkte: „Ja, ja, Köpfchen muß man haben!"
Seine Geschwister ließen das still duldend über sich ergehen.

Erst als sie alle gemeinsam in der Großküche verarbeitet
wurden, kam der wahre Sachverhalt an den Tag. Sie wa-

14

ren zwar nicht ganz so groß wie ihr Bruder, aber sie hatten ein zartes, saftiges Herz, ihr Bruder aber nur grüne, zähe Deckblätter.

Allzuspät mußte er erkennen:

Der Kopf allein tut's nicht. Das Herz vor allem ist gefragt!

Es war einmal ein Staubsauger . . .

Er besaß eine große Anziehungskraft und auch ein überaus anziehendes Wesen. Das machte ihn allseits beliebt.

Den Schmutz der anderen ließ er diskret verschwinden, ohne darin herumzuwühlen.

Wenn er seinen Dienst getan hatte, herrschte wieder reine

Luft. Alles war sauber, und seine Umgebung leuchtete.
Jeder und jedes stand wieder in weißer Weste da.
Fast möchte man sagen: Er übte eine seelsorgerliche
Funktion aus. Doch hätte man ihm das gesagt, er wäre rot
geworden.
Als er gefragt wurde, wie er solchen Dienst jahraus, jahr-
ein bewältigen könne ohne dabei zu kollabieren, antwor-
tete er kurz und schlicht:
,,Immer wieder entleeren, und — am höheren Stromkreis
angeschlossen bleiben!''

Es war einmal ein Spiegel . . .

Eigentlich waren es mehrere. Sozusagen eine ganze Familie. Und obwohl sie den gleichen Vater hatten, waren sie sehr verschieden. Das beeinträchtigte aber nicht ihr Zusammengehörigkeitsgefühl. Im Gegenteil. Sie genossen ihre Macht, denn sie übten eine große Anziehungskraft auf alle menschlichen Wesen aus. So waren sie auch in die intimsten Regungen und Empfindungen der sie umgebenden Menschen eingeweiht.

Sie glänzten mit ihrer Gegenwart im Foyer des Hauses, im Schlafzimmer, im Bad und — eigentlich sollte man es nicht sagen, denn das grenzt schon fast an Geheimdiensttätigkeit — die jüngste Schwester befand sich sogar in der Handtasche der Dame des Hauses!

Obwohl jedes Glied der Spiegelfamilie eine Menge erzählen könnte, soll nur der große Spiegel aus dem Foyer zu Wort kommen. Dieser wäre — das sei nur nebenbei erwähnt — einmal beinahe aus dem Rahmen gefallen. Was im wahrsten Sinne des Wortes ein Unglück gewesen wäre!

Nun müßte man über die ganze Geschichte eher lachen, wenn man den Foyer-Spiegel nicht der Lüge bezichtigt hätte. Doch zum Tatbestand:

Die Dame des Hauses — bereits im vorgerückten Alter — stand, statt den kleinen „Geheimdienstspiegel" ihrer Handtasche zu benutzen, in verdächtig intimer Nähe vor dem Foyer-Spiegel. Mit geradezu analytischer Genauigkeit untersuchte sie die bis dahin so zartglatte Haut ihres Gesichts. Und sie entdeckte Spuren einer beginnenden Faltentätigkeit in der Stirnpartie. Der Foyer-Spiegel in seinem Drang nach Genauigkeit und Wahrhaftigkeit ließ dabei keine Zweifel aufkommen.

Man erspare mir, die Worte wiederzugeben, die der Spiegel von der Dame des Hauses zu hören bekam. Jedenfalls wäre er beinahe aus dem Rahmen gefallen! Dabei hatte er ja nichts als die reine Wahrheit gesagt — pardon: gezeigt. Die reine, nackte Wahrheit! Schonungslos! Das war ja schließlich seine Aufgabe. Was hätte er denn anders tun sollen!

„Wie gut", dachte der Spiegel, „haben es doch die Menschen. Sie können die Wahrheit mit dem Mantel der Liebe bedecken! Eines nur ist mir unerklärlich: Warum tun sie es so selten?"

Es war einmal ein Federball . . .

Schade eigentlich, daß man seine beiden Spielge-
fährten als „Schläger" bezeichnete. Dabei harmo-
nierten sie so gut zusammen. Genauer gesagt,
lag das an den beiden Menschen, die mit Federball und
Schläger spielten.

„Alles will gelernt sein!" lachte das Federbällchen den
beiden zu, als es wieder einmal auf dem Boden landete.
Es war nicht verärgert oder gar gekränkt. Wie sollte es
auch! Es war doch nur ein Spiel.

Trotzdem freute es sich riesig, wenn es in hohem Bogen
— manchmal sanft gleitend, dann wieder energisch
geschlagen — von Schläger zu Schläger sprang.

Dabei entging ihm freilich nicht, daß die beiden Spieler ein
doppeltes Spiel trieben: Nicht nur das Federbällchen
schickten sie munter auf die Reise. Auf unsichtbaren
Schlägern spielten sie sich Blicke zu. Ihre Augen glänzten
und sagten ohne Worte: Wir können es gut miteinander!

Als das Federbällchen längst wieder in der Tasche ver-
staut war, sagte es zu den beiden Schlägern: „War das
heute wieder ein glückliches Spiel!" Eigentlich hatte es
sagen wollen: War das ein glückliches Paar! Aber die
Schläger hatten sowieso verstanden.

Es war einmal eine Bank . . .

Sie sah aus wie unzählige ihresgleichen: Drei Bretter als Sitzfläche, zwei als Rückenlehne. Gediegen und solide verarbeitet.

Daß sie so gar nichts Außergewöhnliches besaß, beunruhigte sie nicht weiter. Ehrgeiz und Strebertum waren keine Charakterzüge, mit denen sie sich herumschlagen mußte. Zufriedenheit und Genügsamkeit zierten ihr Wesen.

So stand sie auch nicht vor einem Herrschaftshaus oder in einem Museumspark. Unter eine Buche am Waldrand hatte man sie gestellt. Ganz wunschgemäß. Als ob Menschen Gedanken lesen könnten!

Und obwohl es eine einfache Bank war, machte sie sich so ihre Gedanken. Auch über den Sinn ihres Lebens. Wäre sie nicht am Boden befestigt gewesen, sie hätte ab und an einen Freudensprung gewagt. Ja, so glücklich war sie!

„Was habe ich doch für eine schöne Aufgabe!" dachte sie. „Meine Arbeit ist es, andere ruhen zu lassen!" Das war sozusagen ihre Lebensphilosophie.

Nur ein einziges Mal war sie etwas verwirrt. Wanderer, denen sie Platz angeboten hatte, sprachen von einer Bank, auf der sie ihr Geld angelegt hätten. Es waren nur Wortfetzen, die sie verstanden hatte: Das Geld sollte nun für sie arbeiten, oder die Bank sollte mit ihrem Geld arbeiten.

Wie gesagt: Verstanden hat sie das alles nicht so recht. Der Bank unter der Buche war nur aufgefallen, daß sich die beiden Wanderer bei diesem Thema sehr aufgeregt hatten.

Nein, damit wollte sie nichts zu tun haben!

Als die beiden Wanderer weiterzogen, schaute sie sich

verstohlen um. Zum Glück hatten sie bei ihr kein Geld hin-
gelegt. —

Aber vielleicht mußte es auch diese andere Bank geben.
,,So sind halt die Gaben und Aufgaben verschieden'',
bemerkte sie fast altklug. Nur — sie wollte auch weiter auf
ihre Weise dem Menschen dienen. Als sie Schritte hörte,
wischte sie sich dienstbeflissen über den Schoß: Sie war
bereit!

Es war einmal ein Telefonhörer . . .

Genüßlich-zufrieden lag er auf dem Apparat und ließ seine beiden Muscheln entspannt über den Rand des Tischmodells hängen. Es schien, als könne ihn nichts aus der Ruhe bringen, als hätte er schon längst die Pensionsgrenze überschritten. Tatsächlich aber hatte er Bereitschaftsdienst, und der kalte Klang der Glocke konnte ihn jeden Augenblick aus seiner Ruhe reißen.

Doch besteht die Kunst des Wartens nicht gerade darin, in der Zwischenzeit etwas anderes zu tun? Und dieses ,,andere" bestand nun für ihn in entspanntem Ruhen.

Vom schrillen Schrei der Glocke aufgeschreckt, sah er sich plötzlich in der Hand der Sekretärin. Während sie mit ihrem Gesprächspartner am anderen Ende des Drahtes redete, machte sich der Telefonhörer Gedanken über seine Identität.

Wer bin ich eigentlich? Was ist der tiefste Sinn meines Daseins? Man nennt mich Hörer, aber man braucht mich zum Reden. Für Redende höre ich, für Hörende rede ich. Und doch kann ich weder reden noch hören.

Deprimiert und zutiefst beunruhigt über diese Einsicht sank sein Selbstbewußtsein auf den berüchtigten Nullpunkt. Glücklicherweise aber fiel ihm im letzten Moment ein: Reden und hören kann ich zwar nicht. Aber ich kann Verbindungen herstellen, kann helfen, daß ein Gespräch nicht abreißt.

Dankbar für diese wichtige Aufgabe lag er fortan dienstbereit auf dem Apparat.

Es war einmal ein Spazierstock . . .

Er stand in einem innigen Dreiecksverhältnis zu den beiden Beinen des älteren Herrn, und das schon seit einigen Jahren. Wen wundert's, wenn daraus schon so etwas wie eine gewisse Abhängigkeit geworden war! Irgendwie gehörten sie zueinander, und man hätte sich kaum vorstellen können, daß die beiden Beine einmal ohne ihn ausgegangen wären.

In liebevoll-fürsorglicher Weise ging der Spazierstock an ihrer Seite, stützte sie, bremste ab — gerade wie es nötig war. Ein Muster an Selbstlosigkeit. —

Doch der Schein trog.

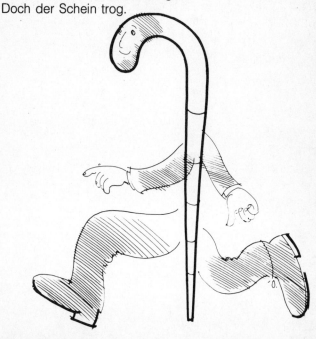

In einer Stunde des Müßiggangs kam er auf dumme Gedanken. Warum sollte er auch immer nur in Begleitung dieser beiden schwachen Beine ausgehen? Hatte er nicht schließlich auch ein Recht auf ein Stück Eigenleben? Hie und da ein Stückchen Eigenständigkeit, etwas persönliche Freiheit — wer wollte ihm das verübeln?

In einem Anfall von Übermut und Freiheitsdrang richtete er sich stolz auf und marschierte spontan los. Das heißt: Er wollte losmarschieren. Doch obwohl er sonst sehr gut zu Fuß war, bekam er plötzlich einen Schwindelanfall und stürzte kopfüber die Treppe hinunter.

Als er wieder zu sich kam, stand er an seinem vertrauten Platz in der Ecke. Irgend jemand hatte ihm geholfen. Verschämt sah er sich im Zimmer um. Sein Blick fiel dabei auf den Wandspruch, den er schon ungezählte Male gelesen hatte:

,,Die Menschen, denen wir eine Stütze sind, geben uns Halt!''

Wie hatte er das nur vergessen können!?

Es war einmal eine Zahnbürste . . .

Erhobenen Hauptes stand sie an ihrem angestammten Platz im Zahnglas. Daß sie allen immer zuerst ihre Borsten zeigte, war keineswegs ein schlechter Charakterzug oder ein Hinweis auf ein mürrisches Wesen. Im Gegenteil. Friedlich stand sie an ihrem Ort, und ihre Borsten reihten sich in sinnvoller Ordnung aneinander: zehn Borstenbündel in der Länge, drei in der Breite.

Die meiste Zeit des Tages verharrte sie in ihrem Zahnglas in scheinbar stiller Einsamkeit. Doch in Wirklichkeit war sie gar nicht einsam. Sie bildeten vielmehr ein Trio. Sozusagen eine Wohn- und Dienstgemeinschaft. Die beiden andern — noch eine Zahnbürste und eine Tube Zahnpasta — teilten mit ihr den Platz im Zahnglas.

Platzstreit gab es nie bei ihnen. Auch sonst keine Auseinandersetzungen. Sie waren ja schließlich aufeinander angewiesen und dienten den gleichen Herrschaften. Während die beiden Zahnbürsten in einem klar geordneten Dienstverhältnis standen — die eine diente einer Dame, die andere einem Herrn —, mußte die Zahnpasta zwei Herren dienen. Doch auch das tat sie mit verzehrender Hingabe, opferbereit, unparteiisch und treu. Sie hätte wirklich nicht sagen können, wem sie mehr zugetan war.

Eins nur hätte sie gern anders gehabt; aber ihr fehlte der Mut, es auszusprechen. Die Dame drückte ihr bei jedem Diensteinsatz — und das geschah täglich dreimal — mitten in die Magengegend. Der Herr dagegen pflegte sie sanft an den Füßen zu drücken.

Dieses ständige Hin und Her bewirkte leichte Gleichgewichtsstörungen. Was sie aber eigentlich bedrückte, war

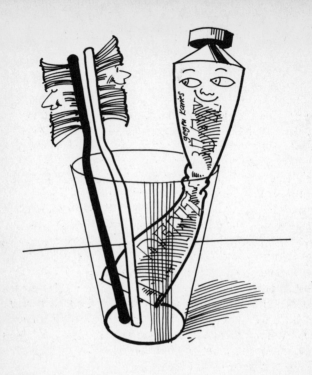

noch nicht einmal dieses Unwohlsein. Die ungleichen Ge-
wohnheiten der Dame und des Herrn waren immer wieder
die Ursache familiärer Auseinandersetzungen. Und die
setzten ihr so zu. Sie wollte doch mit ihrem Dasein dienen
und nicht Anlaß von Streitereien sein. Das war das Kreuz
ihres Lebens. Ob sich wohl die beiden Streithähne eines
Tages nicht doch noch auf einen „Druckausgleich" einigen könnten?

Es war einmal ein Dorfbrunnen . . .

Seit Menschengedenken hatte er seinen Platz mitten im Dorf. Ein dicker, ausgehöhlter Baumstamm nahm die Fülle des Wassers auf, um es dann ununterbrochen zu spenden. Irgend jemand hatte am Brunnen eine in Holz geschnitzte Inschrift angebracht: „So einfach ist mein Leben: geben, immer nur geben!"
Mit diesem Vers konnte sich der Dorfbrunnen identifizieren; er entsprach voll und ganz seiner Überzeugung.
Rings um den Dorfbrunnen war immer etwas los. Ein stetes Kommen und Gehen. Der Dorfpfarrer hätte fast eifersüchtig werden können. Doch er, der Dorfbrunnen, war ja keine Konkurrenz. Im Gegenteil! Schließlich wollte auch er nur auf jenes Wasser hinweisen, das den Lebensdurst stillte. So fühlte er sich dem Pfarrer eher kollegial verbunden.
Vielleicht war das auch der Grund dafür, daß er sich zwar kindlich freute, wenn jemand durstig zu ihm kam und begierig sein Wasser schlürfte.
Aber es schnürte ihm fast das Herz ab, wenn er mitanhören mußte, wie so manche Frauen den Gang zum Brunnen benutzten, um den Dorfklatsch zu verbreiten. Was da alles hervorsprudelte: Das war kein lauteres Wasser!
Es war ihm, als müsse er sich zur Wehr setzen, damit nicht auch sein Wasser vergiftet würde.
Vielleicht — so dachte er — war seine Verbundenheit mit dem Dorfpfarrer auch ein Stückchen Leidensgemeinschaft.

Es war einmal ein Sonnenstrahl . . .

In harmonischer Arbeitsgemeinschaft mit vielen tausend Mitarbeitern versah er seinen Dienst. Im Verbund mit seinen Kollegen fühlte er sich ungemein wirkungsvoll. Das Sprichwort „Einigkeit macht stark" erwies in ihrer Situation seine volle Wahrheit. Und der Sonnenstrahl war stolz darauf, in einem solch schlagkräftigen Team mitarbeiten zu dürfen.

Das schloß aber nicht aus, daß er es in vollen Zügen genoß, wenn er einmal einen Einzelauftrag ausführen durfte; sozusagen als Botschafter der Sonne in einem dunklen Winkel. Manchmal durfte er durch einen winzigen Spalt in der Wolkendecke hindurchschlüpfen und einigen Menschen oder Grashalmen eine Nachricht der Sonne übermitteln.

Die dankbaren Blicke der Menschen und das befreite Aufatmen der Grashalme waren wie Balsam für ihn, fast wie eine Weihnachtsgratifikation.

Deshalb bemühte er sich mehr und mehr darum, auch dann, wenn er in Gemeinschaft mit vielen andern Sonnenstrahlen seinen Dienst versah, dieses „persönliche Etwas", diese „Einzelauftrags-Atmosphäre" hineinzubringen. So suchte er sich z. B. am Badestrand unter den vielen Menschen einen aus, dem er in keck-spielerischer Weise ins Auge sprang, um sich dann köstlich zu amüsieren, wenn dieser zu blinzeln anfing.

Der Sonnenstrahl hatte den Reiz der individuellen Beziehung entdeckt. Aber je mehr er diesem Spielchen nachging, desto stärker empfand er es als Hemmung und Hindernis, an der Sonne angebunden zu sein. So beschloß er kurzerhand, sich selbständig zu machen. Er gründete sozusagen eine eigene Firma.

Frei und emanzipiert konnte er nun hinhuschen, wo es ihm gefiel. Durch den feinen Spalt einer Bretterwand schlüpfte er in eine dunkle Hütte. Aber o weh! Die Einsamkeit überwältigte ihn, und in wenigen Sekunden verlosch und vertrocknete er.

Wenn jetzt einzelne Sonnenstrahlen hin und wieder einen übermächtigen Drang nach Freiheit verspüren, schickt sie die Sonne durch den feinen Spalt in der Bretterwand, wo sie die sterblichen Überreste des Sonnenstrahls sehen können.

Und dann freuen sie sich, daß sie an der Sonne angebunden sind und leben können.

Es war einmal ein Schweißtropfen . . .

Zuerst schüchtern-zurückhaltend, dann aber immer mutiger-neugierig schwitzte er sich aus der Pore der Haut. Er hatte es geschafft. Das organische Dunkel menschlicher Körperflüssigkeit zurücklassend, erblickte er nun das helle Licht der Welt.

Das heißt: Irgendwie war es gar nicht so hell, wie er es sich ausgemalt hatte. Noch konnte er seine neue Situation nicht recht einordnen. Doch es blieb ihm kaum Zeit, weitere Gedanken darüber zu verlieren. Dicht neben ihm waren weitere Schweißtropfen zur Welt gekommen. Einer davon — er mochte ihm an Alter überlegen sein, wenn man seine perlende Dickleibigkeit betrachtete — fing sofort an zu reden. Es sprudelte nur so.

Er berichtete, daß er nun bald in den Ruhestand trete und daß er eine Menge durchgemacht habe in seinem langen Leben. Unaufgefordert begann er, seine Lebensgeschichte zu erzählen. Seine früheste Kindheitserinnerung war, daß er als glitzernder Tautropfen an einem Traubenklotz hing. So rutschte er ungewollt — wenn auch nicht ungelegen — in die Kelter und mit vielen anderen Tropfen in die Weinflasche.

Er fühlte sich geehrt in der Gesellschaft so vieler edler Tropfen. An einem Hochzeitsfest wurde er dann als guter Tropfen alten Jahrgangs gefeiert.

Vom menschlichen Blutkreislauf ausgeschieden, sei er dann an den ihm wesensgemäßen Platz im Körper des Homo sapiens verwiesen worden.

Nun also wäre er aus der Pore ausgetreten und würde daran denken, in den Ruhestand zu gehen.

Das bemerkte er aber nicht, ohne zu erwähnen, daß er

diese Art „Abgang in die Pension" nicht gerade als standesgemäß ansah.

Nach längerem Stillschweigen faßte sich unser Schweißtropfen ein Herz und sagte dem Artgenossen edler Herkunft: „An großer Vergangenheit hängenzubleiben hilft nicht. Wir müssen die Gegenwart bejahen und die Möglichkeiten des Augenblicks wahrnehmen. Ich freue mich, ein Schweißtropfen zu sein und möchte damit meinem Herrn dienen."

In diesem Moment gesellte sich eine wahre Sturzflut von Tropfen zu ihnen. Doch Schweißtropfen waren es nicht. Dazu waren sie zu kalt.

Der schwitzende Mensch war aus der Sauna gekommen und unter die Dusche getreten.

Es war einmal ein Fußabtreter . . .

Er gehörte zu einer weitverzweigten Dynastie und konnte auf eine große Tradition verweisen.

Während seine Nichten und Neffen, seine Onkel und Tanten, ja selbst seine Eltern und Geschwister über die ganze Stadt verbreitet lebten, wohnte er in einem abgelegenen Landhaus am Rande der Stadt. Sein Wohnort war zugleich sein Arbeitsplatz. Das hatte manchen Vorteil, bot ihm aber zu wenig Distanz zum täglichen Broterwerb.

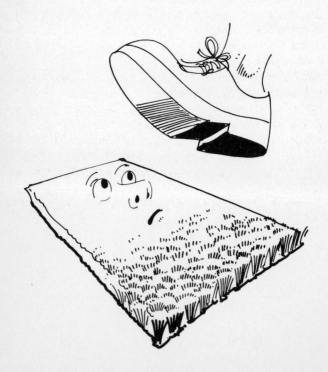

Nur die jährlich stattfindenden Verwandtschaftstreffen verschafften ihm die Gelegenheit, seinen Wissensdurst zu stillen und etwas für die Weiterbildung zu tun.

In dieser — fast möchte er sagen: „Volkshochschule" hat er gelernt, daß es seinesgleichen aus den verschiedensten Materialien gibt: aus Gummi und Teppich, aus Borsten und verzinktem Eisen. Sein Großonkel wirkte sogar noch als Scharreisen an einem Bauernhaus.

Das interessanteste bei diesen Familientreffen aber waren die Erlebnisberichte und Geschichten von Menschen, die über die Fußabtreter tagtäglich hinweggehen. Es sind lustige und ernste Geschichten, bittere Klagen und Lobeshymnen. Schließlich sieht man die Menschen schon von einer besonderen Perspektive. — Ja, diese Menschen! Sie wirken so mächtig und groß, so selbstsicher und selbstbewußt. Daß sie aber oftmals vor einer Tür unsicher-ängstlich von einem Bein aufs andere treten, — das sieht nur der Fußabtreter.

Ein Fußabtreteronkel, der eine philosophische Ader besaß, sagte einmal: „Wer den Menschen in seiner Ganzheit erfassen will, darf ihm nicht nur ins Angesicht schauen. Auch die Füße sprechen eine beredte Sprache!" Hier wurde er von einer vorlauten Nichte unterbrochen: „Meine Großmutter selig hat von manchen Leuten gesagt: Oben hui und unten pfui!" — Alle lachten und nickten verständnisvoll.

Ein Stück Menschenkenntnis war da sicherlich drin enthalten.

Es war einmal ein Zaun . . .

Mit krummen, ungehobelten Brettern schlängelte er sich an der Wiese entlang. Er war nicht erst im Zeitalter der Nostalgie nach altem Vorbild angefertigt worden.

Nein, er stammte aus der Zeit, der alten Zeit! Fast hätte

man ihm den wertvollen Beinamen „antik" zusprechen können.

Seit vielen Jahren nahm er hier seinen Platz ein. Bei Wind und Wetter, Sonne und Regen versah er seinen Dienst. Und er fühlte sich wohl dabei. Zufrieden sah er in die Gegend.

Auf der anderen Seite des schmalen Feldweges stand noch ein Zaun. Jung, elegant, selbstbewußt. Insgeheim belächelte er den veralteten Veteranen gegenüber. Aber aus weiser Rücksichtnahme und wegen der gut nachbarschaftlichen Beziehungen hielt er seine Meinung zurück. Er war sich ja seiner Überlegenheit bewußt.

Da berührte eine weidende Kuh mit ihrem Maul den jungen Elektrozaun — und schreckte laut muhend zurück. Der Elektrozaun zitterte eine ganze Weile frustriert hin und her, bis er sich endlich beruhigen konnte.

Da sah er, wie sich eine andere Kuh dem alten Holzzaun näherte. Warnend wollte er schon seine Stimme erheben. Doch die Kuh sollte nur auch ihre Erfahrungen machen.

Wie überrascht war er aber, als sie ihren Kopf wohlig an dem Zaun rieb!

Der alte Veteran, der seinen jungen Zaunkollegen beobachtet hatte, flüsterte ihm über den Weg hinüber zu: „Der Unterschied zwischen uns liegt nicht nur im Alter. Du dienst zur Abschreckung, ich schaffe Schutz und Geborgenheit!"

Es war einmal ein stiller Augenblick . . .

Bis vor kurzem befand er sich in einem Zustand depressiver Resignation. Und das seit Jahren. In einem abgelegenen Winkel der Zivilisation hatte er nach langer, mühevoller Suche eine möblierte Unterkunft gefunden. Letztlich auch nur deshalb, weil niemand in dieser abgeschiedenen Einöde hausen wollte.

Aber es war nicht die Einsamkeit, die ihn in die abgrundtiefe Depression geführt hatte. Immerhin konnte er jetzt, in der Rückschau, sachlich-emotionsfrei darüber urteilen. Ohne sich in Vorwürfen ergehen zu müssen, erkannte er nun die Gründe dieser notvollen Entwicklung seines Lebens.

In jungen Jahren — und das liegt nun schon sehr lange zurück — war er bei den meisten seiner Zeitgenossen ein beliebter und gern gesehener Gast. Nicht, daß er sich deshalb in selbstgefälligem Stolz gesonnt hätte. Es freute ihn vielmehr, daß er, als stiller Augenblick, das Leben so manches Menschen prägen durfte.

Doch die Zeiten hatten sich geändert. Andere, vermeintlich viel wichtigere Werte bestimmten das Leben der Menschen. Immer wieder mußte er es spüren, wie sein Besuch als peinlich, ungelegen oder gar als störend empfunden wurde.

Schließlich ignorierte man ihn, oder — und das war noch schlimmer — man belächelte ihn als antiquierte Erscheinung alter Zeiten.

Ja, so war das gewesen! Wen wundert es noch, daß es zur depressiven Lebenskrise des stillen Augenblicks gekommen war.

Aber das war nun vorbei! Denn auch diese Zeiten änderten sich. Durch schmerzliche Erfahrungen sind manche Zeitgenossen zur Erkenntnis durchgedrungen: Anhaltender Streß und dauernde Aktivität — das hält kein Mensch aus.

Wenn er nicht schon da wäre, sollte man einen stillen Augenblick erfinden, der sich in wohldosierten Abständen in unseren Alltag einbauen läßt. Doch glücklicherweise ist diese Erfindung gar nicht nötig. Den stillen Augenblick gibt es schon längst. Man muß ihn nur zu sich einladen.

Es war einmal ein Briefkasten . . .

Verschlossen und distanziert fristete er sein Dasein an einer Hauswand.

Doch der Schein war trügerisch — wie so manches in dieser Welt. Kam man erst näher in Kontakt mit ihm, spürte man, daß er ein überaus einnehmendes Wesen besaß.

Sein vielseitiges Interesse ließ eine umfassende Bildung erkennen. Längere Gespräche brachten auch an den Tag, wie belesen er war.

Daß er jeden Tag die Nachrichten der Tageszeitung in sich aufnahm, versteht sich fast von selbst. Aber auch Fachliteratur, Reisemagazine und Wirtschaftsinformationen verschlang er voller Wißbegierde.

Über diesem enormen Wissen ließ er es aber keineswegs an Herzensbildung und Taktgefühl fehlen. Mit diskret-keuscher Zurückhaltung behandelte er die vielen persönlichen Briefe, die man ihm anvertraute.

Nicht, daß auch ihn hin und wieder einmal die Neugierde gepackt hätte. Doch er wußte sich stets zu beherrschen. Das machte sich auf die Dauer wirklich bezahlt.

In immer weiteren Kreisen der Bevölkerung genoß er großes Vertrauen.

Hätte er wirklich immer gewußt, was man ihm unter dem Siegel der Verschwiegenheit anvertraute, wer weiß, vielleicht wäre er stolz geworden.

Es war einmal eine Sirene ...

Noch aus Kriegszeiten stand sie hoch oben auf dem Dach des Gemeindehauses. Damals war es ihre Pflicht gewesen, der Bevölkerung mitzuteilen, daß feindliche Flugzeuge nahten. Sie tat es immer mit ihrer ganzen Kraft. Laut aufheulend kam sie ihrer Aufgabe nach. Ach, es war wirklich zum Heulen, wenn man an all das Schreckliche jener Zeit dachte.

Was sie dabei nur tröstete, war der Gedanke, mit ihrem Geheul doch manches Leben gerettet zu haben. —

Inzwischen herrscht Frieden im Land. Heute steht sie der Feuerwehr zu Diensten. Zum Glück muß sie nur sehr selten ihr markerschütterndes Geheul ertönen lassen. Das heißt, genau genommen heult sie regelmäßig jeden Monat einmal. Doch nur zu Kontrollzwecken. Sozusagen zum Training. Fitsein ist schließlich wichtig!

Doch gerade dieses monatliche Geheul der Sirene war einem Anwohner schon zuviel. Er ärgerte sich maßlos und fühlte sich in seinem Seelenfrieden gestört.

Um das Gleichgewicht dieses Seelenfriedens wieder herzustellen, kletterte er zu nächtlicher Stunde auf das Dach des Gemeindehauses und schnitt der Sirene kurzerhand die Kehle durch. Niemand merkte etwas davon.

Das Unglück wollte es, — nur wenige Tage später brannte das Haus des besagten Nachbarn.

Die Sirene, hoch über allen Häusern des Ortes, sah es zuerst. Pflichtgemäß wollte sie aufheulen. Doch sie brachte keinen Laut heraus. Mit stummem Entsetzen mußte sie zuschauen, wie das Feuer sein unseliges Werk verrichtete.

Als sie später wieder funktionierte, sagte sie nur: ,,Die Not sehen müssen und nicht heulen können, — das ist ein Unglück!''

Es war einmal eine Laterne . . .

Schmiedeeisern, mit vielen Verzierungen — so stand sie, etwas erhöht auf einem Sockel, am Gartentor einer alten Villa.

Soweit sie schauen konnte, standen auf beiden Seiten der Straße ihre Artgenossinnen in abgemessener Regelmäßigkeit. Nur — das hatte sie sofort erkannt — keine war so schön wie sie. Meist waren es nur schlichte Glaskugeln, in denen sich verschämt die Glühbirne versteckte.

Genüßlich sog die Laterne die bewundernden Blicke der Vorübergehenden in sich auf. Wie würde es erst sein, wenn nach Einbruch der Dunkelheit ihr Licht erstrahlte? Sicherlich würde sie damit alle ihre Artgenossinnen in den Schatten stellen.

Kaum konnte sie es erwarten, bis es nach vorprogrammierter Ordnung in den Schaltuhren ,,klick'' machte und alle Laternen zu leuchten anfingen.

Der heißersehnte Augenblick kam. Die Straßenlaternen schauten nach links, nach rechts und stellten zufrieden fest, daß sie ein angenehm-warmes Licht verbreiteten und ihre Umgebung erhellten.

Nur unsere Laterne war einem Nervenzusammenbruch nahe. Die vielen schmiedeeisernen Verzierungen, auf die sie so mächtig stolz war, hinderten die Lichtstrahlen daran, verschwenderisch zu strahlen.

Als der Mond über dem Hausgiebel hervorgekrochen kam und die betrübte Laterne sah, flüsterte er ihr tröstend zu: ,,Wir müssen eben lernen, mit Hindernissen zu leben und trotzdem fröhlich zu strahlen.''

Die Laterne sah beschämt zu Boden. Dabei bemerkte sie das herrliche Schattenmuster der schmiedeeisernen Verzierungen auf der Straße. Verständnisvoll-dankbar blinzelte sie zum Mond hinauf.

Es war einmal ein Baum . . .

Viele Jahresringe ist es her, daß er seine Jugendträume träumte. Fast könnte er lächeln, wenn er
heute als gestandener und an Erfahrung gereifter
Nußbaum an all das zurückdachte.

In stolzem Selbstwertgefühl hatte er es damals als durchaus standesgemäß angesehen, daß gerade er in die Mitte
des großen Platzes vor dem Bauernhaus gepflanzt wurde.
Und hatte man ihn damals gefragt, was er einmal werden
möchte, war es spontan und sicher über seine Lippen gekommen: ,,Ein Nußbaum-Buffet in der guten Stube des
Hauses, das von allen bewundert wird!''

Ja, ja, er hatte klare Vorstellungen gehabt!

Mit Genugtuung hatte er es begrüßt, als man den Kinderwagen mit dem Stammhalter des Hauses in den spärlichen Schatten seiner Wenigkeit stellte.

Wie schwer aber konnte er verkraften, daß man genau zu
seinen Füßen einen Misthaufen anlegte. Daß ihm auch
dies zugute kam, ist eine späte Erkenntnis gewesen. Aber
das Alter macht reifer. Das zeigten nicht nur die Nüsse,
die von Jahr zu Jahr mehr wurden. Auch die Gelassenheit
gegenüber den Schicksalsschlägen des Leben zeugte
davon.

Nun ist er alt, und die Erwartungen an das Leben sind beträchtlich geschrumpft. Doch kürzlich ließ es ihn bis in die
mächtige Krone hinauf erzittern, als er den Bauern sagen
hörte:

,,Frau, wir werden wohl den Nußbaum fällen, um daraus
zur Hochzeit unseres Enkels ein Stubenbuffet anfertigen
zu lassen!''

Es war nicht das Zittern der Freude, das der Erfüllung alter
Träume vorauszugehen pflegt. Nein, es war das bange

Zittern der Erkenntnis, daß nur durch Sterben Neues werden kann. Aber lag nicht darin für ihn tiefste Lebenserfüllung?

In diesem Augenblick spürte er ein kitzelndes Zittern. Es war aber nicht die Angst. Nur der Hofhund hatte wieder einmal kameradschaftlich sein Hinterbein gegen ihn gestemmt.

Es war einmal ein Gedanke . . .

Sogar ein guter Gedanke. Davon war er jedenfalls fest überzeugt. Je mehr er über sich nachdachte, um so mehr begeisterte er sich an seiner Einmaligkeit und Überlegenheit.

Inzwischen war er bis dicht hinter die Stirn gelangt. Instinktiv ahnte er, daß ihn nicht mehr viel vom Eintritt in diese Welt trennte. Ein glänzender Gedanke würde geboren werden!

Natürlich war er nicht allein. Noch gab es eine Menge anderer Gedanken. Aber die meisten davon befanden sich im Halbdunkel der Gehirnwindungen und hatten noch keine klaren Konturen angenommen. Ganz im Gegensatz zu ihm!

In männlichem Stolz überließ er sich seinen narzißtischen Regungen, obwohl er peinlichst darüber wachte, nicht mit seinen Kolleginnen, den Gefühlen, vermischt oder gar verwechselt zu werden.

Da passierte es. Der Gedanke hatte sich zu weit vorgewagt und war ausgerutscht. Zum Glück stürzte er nicht in endlose Tiefen, sondern landete relativ unbeschadet im Herzen.

Zunächst etwas unbeholfen, dann aber rasch an Sicherheit gewinnend, entdeckte er etwas ganz Neues an sich: Er fühlte sich so menschlich. Und er schämte sich nicht einmal seiner Gefühle.

Als er kurze Zeit später als guter Gedanke der Liebe das Licht der Welt erblickte, war ein angenehmer Glanz nicht zu übersehen. Doch es war nicht der stolze Glanz seiner männlichen Gedankenwelt, sondern ein Herzensglanz. Oder war es sogar göttlicher Glanz?

Es war einmal eine Schnecke . . .

Langsam-bedächtig zog sie auf ihrem Weg dahin. Es machte ihr nichts aus, daß sie damit nur das sprichwörtlich gewordene ,,Schneckentempo'' bestätigte.

Wenn sie dem Gehetze und Rennen der Menschen zusah, dann fühlte sie sich wohl in ihrer Haut. Sie wollte nicht tauschen.

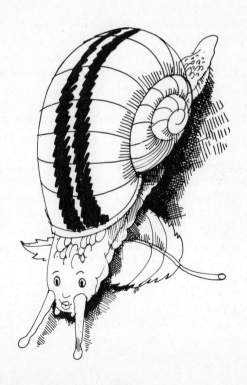

„Eile mit Weile!" Das war ihr Lebensmotto, und sie hatte gute Erfahrungen damit gemacht. Wie oft, so hatte sie sich sagen lassen, mußten Menschen reuevoll zurücknehmen, wo sie vorschnell gehandelt hatten. Ihr konnte das nicht passieren.

Es kümmerte sie auch wenig, daß sie nicht gerade zu den schönsten der Tiere zählte. Jedenfalls ließ sie sich nicht davon abhalten, in ihrem Leben eine glänzende Spur zu hinterlassen.

Das Leben ist zu schade, um an dem hängenzubleiben, was nicht ist und nicht sein kann. Sich deshalb beleidigt ins Schneckenhaus zurückziehen? —

Wieso beleidigt? Gründlicher konnte man sie nicht mißverstehen. Da schloß der Mensch wieder einmal von sich auf Schnecken!

Wenn sie sich zurückzog, dann nur, weil sie Schutz und Geborgenheit suchte. Warum sollte sie auch nicht? Schließlich hatte sie es nicht nötig, daß jeder sie „zur Schnecke machte".

Von ihrem Schöpfer war sie zur Schnecke gemacht worden. Und dazu sagte sie von ganzem Herzen: „Ja!"

Es war einmal eine Orgel . . .

Auf der Empore der barocken Stadtkirche hatte sie ihren Platz. Sie war von Anfang an dabei und unterstützte in froher Unermüdlichkeit das Gotteslob der Gemeinde.

Links und rechts standen die mächtigen Holzpfeifen, dazwischen in harmonischer Anordnung die Orgelpfeifen aus Zinn, von der kleinsten bis zur größten. Eben — wie die Orgelpfeifen!

Im Bewußtsein seines Könnens schritt der Organist Sonntag für Sonntag an seinen Platz. Mit spielerischer Leichtigkeit überflogen seine Hände die Manuale, und seine Finger drückten zielsicher die richtigen Tasten.

Damit es aber wirklich zum herrlichen Orgelvorspiel und zur Begleitung der Choräle kam, wirkte noch jemand in aller Verborgenheit. Hinter der Orgel trat im Schweiße seines Angesichts ein junger Bursche den Blasebalg. Er allein verschaffte der Orgel den notwendigen Lebensodem. Mit tiefen Zügen sogen die Orgelpfeifen den Luftstrom ein, um ihn auf Geheiß des Organisten tonvoll auszuatmen.

So geschah es Sonntag für Sonntag. Vor der Orgel der Organist, hinter der Orgel der Blasebalgjunge.

Nachdem die Kirchgänger schon längst das Gotteshaus verlassen hatten, kam der Junge erschöpft, aber stolz hinter der Orgel hervor und sagte: ,,Herr Organist, heute haben wir wieder schön gespielt!'' — Etwas mokiert entgegnete der Organist: ,,Wir? — Ich habe gespielt!''

Als freilich am nächsten Sonntag das Vorspiel einsetzen sollte, fehlte den Pfeifen die Luft. Verwirrt sah der Organist zum Blasebalgjungen. Doch noch ehe der Orgelkünstler

ein Wort hervorbringen konnte, fragte der Junge: „Wer hat schön gespielt?" „Wir!" antwortete der Organist lächelnd, „wir!"
Einige Sekunden später klang ein wunderbares Präludium durch den Kirchenraum.

Es war einmal eine Kirchturmuhr . . .

Sie profitierte von dem alten Grundsatz: „Die Kirche muß im Dorf bleiben!" Da der Kirchtum alle Häuser des nicht allzu großen Dorfes überragte, genoß sie mit ihm gleichermaßen Ansehen wie den herrlichen Rundblick.

Der blaue Untergrund des Zifferblattes und die vergoldeten Ziffern und Zeiger hoben sich prächtig ab von dem rustikalen Weiß des Verputzes. In quadrophonischer Dimension ließ sie in treuer Regelmäßigkeit ihren Stundenschlag in alle vier Himmelsrichtungen erklingen. Dabei war sie peinlich-korrekt darauf bedacht, auf die Sekunde pünktlich zu sein. Schließlich richteten sich doch alle Armband-, Küchen-, Wand- und sonstigen Uhren nach ihr. In ihrer Position konnte sie sich keine Ungenauigkeit leisten. Um so unerklärlicher war es, daß sie plötzlich einige Minuten vorging. War es wohl der Druck der Verantwortung, der auf ihr lastete? Oder gar stolze Überheblichkeit, die ihr zu Kopf gestiegen war?

Das Käuzchen, das im Kirchturm seine Wohnung gefunden hatte und eng mit der Turmuhr befreundet war, lüftete schließlich das Geheimnis: Die Turmuhr war zu der — nach ihrer Meinung — entscheidenden Erkenntnis gelangt, daß jedes Vorbild seinen Nachfolgern immer etwas voraus sein müßte. Welche Folgen das aber in ihrem Fall haben mußte, wollte sie einfach nicht wahrhaben.

Erst als sie erfuhr, daß alle Uhren des Dorfes sich nicht mehr nach ihr, sondern nach der Zeitangabe des Radios richteten, kam sie zur Besinnung. Zu spät! Sie hatte ihre Führungsrolle verspielt.

Seither scheint sie mit jedem Stundenschlag zu verkünden: Auf die Treue kommt es an!

Es war einmal eine Mutter

Eine, wie es sie millionenfach auf dieser Erde gibt. Trotzdem war sie an ihrem Platz einmalig. Sie lebte in dem glücklichen Wissen, gebraucht zu werden. Doch sie war weise genug, das nicht bei jeder Gelegenheit spüren zu lassen. Damit hätte sie vielleicht ihre Einmaligkeit verspielt.

Was sie als Mutter vor allem auszeichnete, war die Fähigkeit, sich den besonderen Gegebenheiten anpassen zu können. Sie war nicht stur. Nein, sie konnte ab- und zugeben. Das schätzte man an ihr. Darin war sie auch die ideale Ergänzung und ein guter Ausgleich zu ihrem Partner. Ohne ihn kritisieren zu wollen, muß doch gesagt werden, daß er ziemlich hart und unnachgiebig war.

Auf die Dauer war ein Zusammenleben nur möglich, weil die Mutter in unermüdlicher Weise den nötigen Spielraum verschaffte.

Allerdings — und das spricht für die Mutter — in entscheidenden Situationen konnte auch sie unnachgiebig hart sein.

Offenbar war so eine Situation jetzt eingetreten. Mit energischem Ruck wurde die Mutter mit dem Schraubenschlüssel um einige Windungen angezogen.

Es war einmal eine Kerze ...

Ein erhebender Augenblick war es für sie, als das Streichholz aufflammte und sie entzündete. Wohl stand sie auf tönernen Füßen, aber das war es nicht, was sie sanft erzittern ließ. Es war die Freude, leuchten zu dürfen.

Anfangs flackerte sie noch unsicher-hilflos. Schließlich hatte sie ja auch noch keine Erfahrung. Und aller Anfang ist schwer.

Doch rasch verließ sie die flackernde Unruhe, und tiefer Seelenfrieden erfüllte sie.

Nun würde sie bald selbst beurteilen können, ob es stimmte, was ihre ältere Cousine ärgerlich-empört erzählt hatte: ,,Einer elenden Ausbeutergesellschaft sind wir zum Opfer gefallen! Das ständige Brennen zehrt nur an unserer Lebenssubstanz!'' —

,,Vielleicht kommt das erst mit der Zeit'', dachte die Kerze. Bis jetzt jedenfalls genoß sie das Leuchten mit wohliger Zufriedenheit.

Sie begann sich in der dämmrigen Stube umzusehen. Verschämt wollte sie ihren Blick abwenden. Sah sie doch auf dem Sofa zwei junge Menschen in schweigendem Verliebtsein sitzen. Der Kerze wurde es warm ums Herz, und sie zerfloß wie Wachs an der Sonne.

,,Wenn es den Menschen in meiner Gegenwart leichter fällt zu sagen: Ich liebe dich!, dann will ich mich gerne für sie verzehren'', dachte die Kerze.

Ihr Leben dauerte nur einen Abend. Aber war es nicht ein erfülltes Leben?

Es war einmal ein Regenschirm …

Für ihn war es Ehrensache, daß er noch einer war vom alten Schrot und Korn. An ihm war noch nichts von dem neumodischen Firlefanz wie „zusammenlegbar" oder „Automatik". Er war solid und kräftig, mit einem Dach für zwei. Von dem knirpsigen „Mini-Zeug" hielt er nicht viel. Was nützte einem auch ein Schirm, bei dem die Schultern rechts und links naß wurden?

Mochten die jungen Dinger von Taschenschirmen auch über ihn lachen und mit dem Finger auf ihn zeigen. Ihm war das egal. Wer etwas von Schirmen verstand, der hielt es mit ihm. Fast steigerte er sich in eine künstliche Selbstbestätigung, die er ja gar nicht nötig hatte.

Was ihm weit mehr Mühe bereitete, waren einige Vorwürfe von gewissen Seiten, Vorwürfe, die in der Sache zwar zum Teil berechtigt waren, die aber das ureigenste Wesen eines rechten Regenschirmes erst ausmachten.

Einige kritisierten an ihm, daß er immer so gespannt sei. Er sei dadurch verkrampft und würde nur sein Nervensystem strapazieren. Es wäre kein Wunder, wenn er eines Tages zusammenklappen würde.

Von andrer Seite mußte er sich die Frage gefallen lassen, ob er etwas Besseres sein wolle. Er stolziere immer so arrogant und überspannt durch die Gegend. Man kenne ja seine Herkunft. Er solle nur nicht so angeben.

Jemand hielt ihm vor, er fühle sich von ihm immer so von oben herab behandelt. Doch was konnte er dafür, daß er ein Kopf höher war als andere Leute?

Als er versuchte, diese Anschuldigungen zu entkräften, indem er sich zusammenlegte, rief ihm doch sage und schreibe jemand zu: „So, alter Freund, beleidigt und eingeschnappt, was?!"

Erst wollte er heftig reagieren und sich rechtfertigen. Doch dann besann er sich und schwieg. Er erinnerte sich an die alte Lebensweisheit: „Allen Leuten recht getan, ist eine Kunst, die niemand kann!"
Wer etwas auszusetzen sucht, der wird auch immer etwas finden!

Es war einmal ein Tunnel ...

Von beiden Seiten hatte man bis dicht an den Berg heran eine Straße gebaut. Das war noch vor der Zeit des Tunnels gewesen. Er selbst war erst später hinzugekommen. Darum hatte es für ihn auch nie zur Debatte gestanden, ob er um der Straße willen oder ob die Straße um seinetwillen da war. Er litt weder an Größenwahn, noch hatte er Minderwertigkeitsgefühle. Sein ganzes Wesen schloß das irgendwie aus.

Mit gewaltigen Maschinen waren sie dazumal gekommen, und die Bohrer hatten ein riesiges Loch durch den Berg gefressen. So wurde er, der Tunnel, geboren.

Er bestand sozusagen aus Nichts, aus einem Loch. Andere entstehen durch Hinzutun; er wurde durch Wegnahme . – Ihm war das aber ganz recht so; denn er wollte nichts Besonderes sein.

Seine Bestimmung war es, eine Verbindung herzustellen. Eigentlich ein recht soziales Engagement.

Es tat ihm darum leid, – ja, es schmerzte ihn regelrecht, daß viele Leute Angst vor ihm hatten.

„In der Tiefe seines Wesens herrscht Finsternis", sagten sie.

Er leugnete gar nicht, daß es auch in seinem Leben dunkle Stellen gab, aber wer hat die nicht – Hand aufs Herz!?

Doch mit gutem Gewissen konnte er behaupten, daß es sein Bestreben war, zum Lichte zu führen. Wer ihn betrat, kam mit jedem Schritt dem Licht näher. Nie wäre es ihm in den Sinn gekommen, jemanden in die Irre zu leiten oder in der Dunkelheit festzuhalten.

Aber das hatte er in der Zwischenzeit auch schon festgestellt, daß gewisse Menschen freiwillig das Dunkel aufsuchen und das Licht scheuen.

Dagegen war er jedoch machtlos. – Auf keinen Fall wollte er sich dadurch von seinem Auftrag abbringen lassen, den sein Lateinlehrer mit dem klassischen Satz formulierte: „Per aspera ad astra!" – „Durch Nacht zum Licht!"

Es war einmal eine Mausefalle …

Es gehörte schon eine Portion Unverfrorenheit dazu, in diese Branche einzusteigen, und es war sicherlich nicht jedermanns Sache. Aber die Mäusefalle hatte erst gar nicht die Qual der Wahl. Seit Generationen – mütterlicher- wie väterlicherseits – gab es nichts anderes. So war es für sie eine Selbstverständlichkeit, in die Fußtapfen der Voreltern zu treten. Was sollte daran unmoralisch sein?

Ihr Besitzer hatte sie mit vielen andern Kollegen in Küche, Keller und Estrich des Hauses aufgestellt, weil – wie er sagte – die Mäuseplage unerträglich sei. Und der Erfolg, den sie hatten, bestätigte diese Aussage.

Die Mäuse ihrerseits – derart in die Enge getrieben – gin-

gen zum Gegenangriff über. Sie organisierten Protest-
märsche mit Plakaten: „Mäusefallen? – Nein danke!"
Und die Mäuse-Unterabteilung einer internationalen Kom-
mission prangerte die unmäuslichen Foltermethoden an.
Gleichzeitig wurde man auch auf diplomatischer Ebene
aktiv und forderte gegenseitige Abrüstungsverhandlun-
gen. Die Minimalforderungen bestanden in:

1. Geruchfreie Speck- und Käseköder
2. Statt Metallfedern solche aus Weichplastik.
3. Verbot chemischer Waffen.

Aber alle Aktivitäten der Mäuse hätten keinen Erfolg
gehabt, wäre nicht im entscheidenden Moment eine Großmacht auf die Seite der Mäuse getreten. Eine Großmacht,
von der man dieses mäusefreundliche Engagement nie
erwartet hätte: die Katze des Nachbarn.

Alle Welt staunte über den Friedenswillen dieser Großmacht, und man revidierte das negative Urteil, das man
bisher in der Beziehung „Katz und Maus" hatte.

Wer hätte auch jetzt noch daran zweifeln wollen, daß die
Katze es aufrichtig meint? Man hatte sie einfach verkannt
und ihr Unrecht getan.

Der tiefste Grund aber für das sonderbare Verhalten der
Katze lag leider nicht in einem Gesinnungswandel. Durch
den massiven Einsatz der Mäusefallen war jedoch die
Fangquote der Katze rapide gesunken. Sie ersann deshalb eine geschickte Taktik zur Stillegung der Mäusefallen, ohne einen Gesichtsverlust ihrerseits; ja, wenn es sein
könnte, sogar mit Prestigegewinn. Und es war ihr gelun-
gen!

Vergnüglich schnurrte sie in ihren Bart. Sie hatte nun leichtes Spiel. Denn das war ja ganz klar: Die Katze läßt das
Mausen nicht!

Es war einmal eine Violine ...

Bis auf den letzten Platz war der Konzertsaal mit hingebungsvoll lauschenden Zuhörern gefüllt. Es war wirklich ein Genuß! Besonders die Saiteninstrumente – Violinen, Bratschen, Cellos und Baßgeigen – erweckten das Gefühl von himmlischer Musik und vollendeter Harmonie!

Und doch – im Grunde wußte jeder der Anwesenden, daß sozusagen „betriebsintern" bei den Violinen eine enorme Spannung herrschte.

Keiner konnte sagen, wie es eigentlich genau dazu gekommen war. Es war wie eine Abneigung auf den ersten Blick. Die Violinsaiten „konnten" es einfach nicht mit dem Klangkörper der Instrumente. Vermutlich hing es damit zusammen, daß er die Saiten sofort um den Finger wickeln wollte und ihnen eine ganz bestimmte Tonlage aufdiktierte. Energisch hatte der Geigenhals verkündigt: „Du bist ein ‚G', du ein ‚D', ein ‚A' und du ein ‚E'. Basta!"

Und dann wurde gedreht und gezupft, bis sie auf diesen Ton parierten.

Daß dies zu einem Spannungsverhältnis führen mußte, wer will es bestreiten?

Alle Überlegungen zur Lösung dieser Spannungen scheiterten. Es war einfach keine Einigung zu erzielen. Selbst gewisse Kompromisse, die man anstrebte, waren unbefriedigend.

Die eigentliche Lösung fand dann *die* Saite, die am allermeisten der Spannung ausgesetzt war – das „E". Es klang wie ein prophetisches Wort, als sie sagte: „Wir müssen es lernen und bejahen, mit Spannungen zu leben und sie immer wieder harmonisch auszutragen. Das ist für uns Lebensaufgabe und Lebenssinn!"

In einem mächtig brausenden Divertimento von Mozart brachten daraufhin alle Saiten ihre Zustimmung zu dieser Lösung zum Ausdruck.

Es war einmal ein Bügeleisen ...

In einem unbändigen Freiheitsdrang bewegte es sich auf dem großen Bügeltisch hin und her. Es war zufrieden mit sich und der Welt; auch die Arbeit bereitete ihm Freude.

Wirklich, es ging alles glatt bei ihm. In früherer Zeit genoß seinesgleichen sogar noch mehr Freiheit. Im Laufe der Jahre hatte man es sozusagen an die Leine gelegt. Das hänge mit dem elektrischen Strom zusammen, war die kurze und bündige Erklärung. Doch sein Spielraum war noch so groß, daß es die Neuerung kaum als Einengung empfand. Die Zeiten ändern sich eben. Man kann nicht immer dem Vergangenen nachtrauern.

Übrigens muß es früher Dinge gegeben haben, über die man heute den Kopf schütteln würde. Das Bügeleisen erinnerte sich an eine Geschichte, die seine Großmutter ihm und den Geschwistern erzählt hatte, wie sie nämlich einmal dank ihrer medizinischen Fähigkeiten eine Erkältung kuriert habe. Es hörte den Satz, als wenn er erst gestern gesagt worden wäre: „Und ein heißes Bügeleisen auf den kalten Bauch gebracht, hat es wieder gut gemacht!"

Nicht wahr, kaum zum glauben!

Nun, solche Aufgaben mußten Bügeleisen heute nicht mehr wahrnehmen. Es hatte genug an dem Berg von Wäsche, der zu bügeln war. Doch es tat die Arbeit wie gesagt froh.

Es war wohl ein Zeichen der Zeit, daß manche Wäschestücke empfindlicher und sensibler reagierten als die Wäsche früher. Das Bügeleisen konnte sich nicht erinnern, daß in seiner Jugend jemals einmal ein Wäschestück reklamiert hätte, es übe zu viel Druck aus oder sei zu heiß. –

Heute war das fast an der Tagesordnung.

„Kannst du nicht aufpassen? Du verbrennst mir noch meine zarte Nylonhaut!" – „Ich bin doch kein Toastbrot! Mach, daß du weiterkommst mit deiner Bullenhitze!" – Zum Glück hatte das Bügeleisen Sinn für Humor und war nicht nachtragend. Wenn es rücksichtsvoll die zarten Wäschestücke umging, war ihnen das aber auch nicht recht. Sie schauten dann ganz zerknittert drein und bekamen Falten auf die Stirn, daß es einem Angst werden konnte. Aber nie ließ das Bügeleisen sich dadurch aus der Bahn werfen oder dazu bringen, jemand die kalte Schulter zu zeigen. „Man muß die Leute halt nehmen, wie sie sind!"

Es war einmal ein Buchzeichen …

Seit Jahr und Tag lag es „dienstlich" am gleichen Ort in einem dicken Buch.

Es war wie die meisten seiner Berufsgenossen von hagerer Statur, fast eine asketische Gestalt, was auf pubertäre Magersucht schließen ließ. Das kam ihm jedoch beruflich sehr entgegen, denn Fettleibige sind in dieser Branche nicht sehr gefragt.

Während die meisten seiner Berufskollegen ihren Dienst als „Einmannbetrieb" leisteten – und dies oftmals nur für wenige Tage und Wochen im gleichen Buch –, üblicherweise in einem Roman oder in erbaulicher Literatur, war

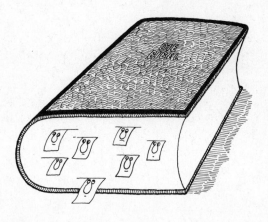

unser Buchzeichen Mitglied eines Arbeitsteams mit einem geistlichen Auftrag. Sie waren nämlich im Buch der Bücher tätig, in der Bibel.

Wer aber nun glaubte, daß unter ihnen deshalb ein besonders gutes Arbeitsklima herrsche und eine reibungslose Zusammenarbeit, sah sich gelegentlich mächtig getäuscht. Es ging auch bei ihnen menschlich, manchmal sogar sehr menschlich zu.

Während der Besitzer der Bibel andächtig einen Abschnitt las und darüber meditierte, konnten doch tatsächlich die Buchzeichen – wenn auch hinter vorgehaltener Hand – diskutieren und streiten, wer von ihnen die wichtigere und geistlichere Stelle markiere. Die Buchzeichen im Neuen Testament fühlten sich wichtiger als die Kollegen im Alten Bund. Und eben unser Buchzeichen, so fromm und demütig es sich auch gab, brüstete sich immer wieder damit, daß sein Herz genau auf dem fettgedruckten Vers Johannes 3, 16 läge.

Ein anderes Buchzeichen, das schon von allem Anfang an in der Bibel lag und sich an diesen Rangstreitigkeiten nie beteiligt hatte, konnte sich daraufhin doch nicht die Bemerkung verkneifen: „Bei dir hat aber bis jetzt nur die Druckerschwärze abgefärbt, nicht der Geist des Wortes!"

Es war zwar ein hartes, aber ein wahres Wort. Das Buchzeichen mußte lange kauen, bis es diesen Brocken verdaut hatte. Doch es hat ihm geholfen.

Es war einmal ein Wecker ...

Über Geschmack läßt sich streiten!" – Das war ein oft zitiertes Wort seines Vaters. Nun stand er selbst schon in hohem Alter, und er wußte, daß er nicht mehr der Schönste war. Was sollte er auch am Lebensabend noch der Eitelkeit frönen und sich modisch herausputzen wollen! Das würde gar nicht zu ihm passen. Mochte sich die Jugend von heute dem Diktat der Mode unterwerfen und immer den „letzten Schrei" modischer Kreationen an sich ausprobieren: für ihn war das vorbei! Nicht, daß er etwa deshalb die „Jugend von heute" verurteilen oder die Stromlinienform modischer junger Wekker ablehnen würde. Ganz und gar nicht. Aber für ihn kam das nicht mehr in Frage. Sein Aussehen und seine Bekleidung waren ja auch einmal modern gewesen, eben vorgestern.

Die beiden Chromstahlglocken auf seinem Kopf galten damals als das „Allerneueste". Er war stolz auf sie – auch heute noch –, mochten seine Enkel auch spöttisch von „Radarschirmen" sprechen. Wenn er in Ausübung seines Amtes am Morgen, pünktlich genau 5 Uhr 30, sein Läutwerk in Betrieb setzte, dann war das jedenfalls unmißverständlich wahrzunehmen. Danach konnte sich keiner mehr bequem entschuldigen, er habe den Wecker nicht gehört.

Was da heute so als Wecker alles im Umlauf ist – du liebe Zeit! – die würden sich besser als Summer oder Ticker bezeichnen. Von so einem Schmalspurgeläut würde er auch nicht erwachen.

Doch er wollte sich jetzt nicht ereifern oder seine neumodischen Nachkommen schlechtmachen. Ihm ging es vielmehr um Toleranz. Leben und leben lassen! Er die Jungen, und die Jungen ihn, den Alten. Wieviel weniger Streit gäbe es in dieser Welt, hielte man sich strikter an diesen Grundsatz!

Aber schmunzeln mußte er dennoch, als er kürzlich erfuhr, daß im nahen Kaufhaus Wecker angeboten würden, die haargenau seine Form hätten. Vor allem jugendliche Käufer würden sich dafür interessieren. Über Geschmack läßt sich halt streiten!

Es war einmal eine Zahnlücke ...

Inmitten der oberen Schneidezähne hatte sie ihr Domizil aufgeschlagen, und es war ihr wohl dabei. Sie genoß den Ausblick, der sich ihr bot, wenn die Person, die sie beherbergte, den Mund öffnete. Und das geschah eigentlich doch recht häufig.

Die Zähne rechts und links sahen das allerdings anders. Sie ärgerten sich über diese unverschämte Zahnlücke. Nicht genug, daß diese ihnen meistens die Schau stahl. Immer wieder hörten sie Leute sagen: „Sieh mal, diese Zahnlücke!" Als wenn es nur diese Zahnlücke gäbe! Nur selten sagte jemand: „Sieh, die herrlichen Schneidezähne neben der Zahnlücke!" Wer wollte es den Zähnen übelnehmen, daß sie sich darüber ärgerten?

Das andere aber wog vielleicht noch schwerer. Diese elende Zahnlücke störte ihre familiäre Einigkeit und Einmütigkeit. Nun konnten sie nicht mehr wie früher in enger Geschlossenheit auftreten und imponieren. Ihre Kampfkraft war sozusagen geschwächt!

Daß die Lücke sich an diesem Platz hatte einnisten können – das wußten die Zähne natürlich nur zu gut –, war ja auf das schmähliche Versagen eines ihrer Kampfgenossen zurückzuführen. Hätte nicht der schönste und größte von ihnen allzufrüh das Zeitliche gesegnet – ihr jetziges Problem wäre gar nicht entstanden. Aber wer gibt schon gern Fehler und Schwächen in den eigenen Reihen zu? So verlegten sie sich halt aufs Schimpfen und Räsonieren. Als ob das die Lücke schließen würde!

Die Zunge übrigens hintendran war manchmal schon froh um diese Lücke. Sie konnte je und dann im letzten Moment noch hineinschlüpfen und sich retten, wenn die Zähne in ihrer vorschnellen Art zubissen. Daß sie wiederum die „vorschnelle Art" den Zähnen unterschob und sich nicht auch selbst einmal in Frage stellte, ist eine Sache für sich. Man sieht eben die Fehler viel leichter beim andern! „Das ist doch alles nur halb so schlimm!", sagte schlichtend der Weisheitszahn. „Bedenkt doch, daß die Zahnlücke auch vieles zu bewältigen hat; ihre Einsamkeit, an der wir nicht ganz unschuldig sind!"

Es war einmal eine Briefmarke ...

Nicht ohne weiteres konnte sie es verstehen, daß es Menschen gab, die sie beneideten. Was war schon an ihr beneidenswert?

Doch bereits diese Fragestellung läßt erkennen, wo ihr ureigenstes Problem lag: Sie litt an mangelndem Selbstwertgefühl. In der „Sprechstunde für Lebensberatung", die sie nach langem Zögern und auf Anraten von Freunden aufgesucht hatte, war ihr das bewußtgemacht worden.

Diese Beratung, die sich über längere Zeit erstreckte – auf der Rechnung stand etwas von „Psychoanalyse" –, hatte ein mächtiges Loch in ihren Sparstrumpf gerissen. Aber was unternimmt man nicht alles, um eine seelisch gesunde Briefmarke zu werden!

Jedenfalls hatte man dabei herausgefunden, daß sie, die Briefmarke, einen seelischen Knacks erlitten hatte, weil sie allen Menschen immer wieder die Zähne zeigte. Sie konnte einfach nicht anders.

Warum man sie trotzdem beneidete? Sie wußte es wirklich nicht. Daß sie nicht viel wert war, das stand ihr ja sogar ins Gesicht geschrieben. Für ein paar Pfennige konnte jedes Kind sie kaufen.

Gewiß – das mußte sie zugeben –, sie verfügte über eine gediegene, vielfältige Garderobe, mit buntbebilderten Sujets. Hätte sie nur etwas mehr Selbstwertgefühl besessen, sie hätte sich selbst für adrett gehalten. Aber so stand sie sich in gewisser Weise selbst in der Sonne.

Warum man sie beneidete, erfuhr sie dann aber doch noch; wenn auch nicht in der kostspieligen Lebensberatung, sondern von einem seelsorgerlichen Freund:

„Hast du auch schon daran gedacht", sagte er, „daß du als Betriebsangestellte der Postdirektion Dienstreisen in der ganzen Welt machen kannst? Keinen roten Heller mußt du dafür zahlen! Und da sollten andere nicht neidisch werden!"

Sie schämte sich gehörig. „Ach ja", seufzte sie kleinlaut, „wenn man auf die Probleme fixiert ist, verliert man den Blick für das Positive!"

Es war einmal ein Papierkorb ...

Gern nannte er sich den „runden Ordner". Diese Bezeichnung war allerdings nicht auf seinem Mist gewachsen. Er hatte sie von seinem Chef aufgeschnappt. Wenn die Sekretärin die eingegangene Post sortierte und dem Direktor vorlegte, sagte dieser beim einen oder anderen Schreiben: „Abheften im runden Ordner!"

Und schwupp landete es im Papierkorb. Er war empfänglich für alles mögliche. Kleinlich und heikel durfte man wirklich nicht sein. Großmütig vertilgte er die „Sünden der Wohlstandsgesellschaft". Auch diese Wendung stammte nicht von ihm. Ein befreundeter Kollege verwendet sie immer. Er tut seinen Dienst im Studierzimmer eines Pfarrers.

Es wäre übertrieben, würde man dem Papierkorb besondere Diskretion attestieren. In seiner offenherzigen Art nahm er alles entgegen, was man ihm anvertraute. Aber er bemühte sich auch keineswegs darum, ein Geheimnis aus seinem Wissen zu machen. Wer wollte, konnte von ihm schon allerhand erfahren.

Die Putzfrau zum Beispiel (sie hörte dieses Wort übrigens nicht gern und bezeichnete sich selbst als „Raumpflegerin"), die Putzfrau also, die jeden Abend das Büro reinigte, machte gern Gebrauch von der indiskreten Art des Papierkorbs. Man wußte ja schließlich nicht, ob sich nicht etwas Brauchbares finden ließ. Einmal fand sie sogar einen Geldschein, der aus Versehen in einem Couvert steckengeblieben war.

Manchmal übertrieb es der Papierkorb in seiner Leutseligkeit allerdings. Eine gewisse Neigung zu stolzer Überheblichkeit und Selbstgefälligkeit war nicht zu verkennen. Er

war sich seiner Stellung halt sehr sicher. Schließlich hatte er einen krisensicheren Beruf. So meinte er jedenfalls.

Doch dann kam die Delegiertenversammlung der „Vereinigung diensttuender Papierkörbe". Da wurde von einer neuen Erfindung berichtet, die auch die Papierkörbe mit dem Problem der Arbeitslosigkeit konfrontierte. Es handelte sich um den sogenannten „Aktenschlucker". Dieses Gerät nahm nicht nur alles Papier in sich auf, sondern vernichtete es in kleine Schnipsel und füllte es in Abfallsäcke. Wenn das stimmte, dann war das eine ernsthafte Konkurrenz für die Papierkörbe.

74

Unser Papierkorb ergriff das Wort und sagte: „Das dürfen wir nicht zulassen, sonst stellt man uns noch in die Ecke!" Daß sie sowieso meistens dort standen, hat er in seinem Eifer übersehen.

Lange beriet man hin und her, was wohl zu tun sei. Von zusätzlichen Dienstleistungen oder mehr Diskretion, von exakterer Arbeit und mehr Loyalität war die Rede.

Dem Papierkorb ging das sehr zu Herzen. Zugegeben, er war in dieser Hinsicht in letzter Zeit schon ein bißchen oberflächlich gewesen. Er wollte sich hinfort wieder mehr auf die ethischen Grundwerte wie Sauberkeit, Ordnung und Ehrlichkeit besinnen.

Es war einmal ein Radiergummi ...

Stillvergnügt und zufrieden lag er an seinem Platz auf dem Schreibtisch. Er fühlte sich wohl, und für ihn war die Welt noch in Ordnung. Nicht zuletzt deshalb, weil seine Chefin eine überaus ordnungsliebende Person war, die ihm nie oder selten Anlaß gab zur Aufregung. Ganz im Gegensatz zu deren Vorgesetzten, dem Herrn Direktor! Zum Glück war der Radiergummi ihm nur indirekt unterstellt.

Die Chefsekretärin, also seine direkte Vorgesetzte, nahm ihn, den Radiergummi, stets in Schutz vor dem Ansinnen und den Zugriffen des Direktors. Nicht, daß er seine Fähigkeiten und Dienste dem Direktor etwa vorenthalten wollte. Dazu fühlte er sich vielzusehr der Firma verpflichtet. Aber gebrannte Kinder scheuen das Feuer! Die Erfahrungen, die er als Radiergummi mit dem Direktor gemacht hatte, waren halt meistens negativ gewesen.

Mit Erröten dachte er daran, wie dieser ihn einmal zwischen Daumen und Zeigefinger genommen hatte und bog und spannte, als wäre er ein Kinderspielzeug. Beinahe hätte es ihm damals einen Rückennerv eingeklemmt.

Und einmal – er erbebte jetzt noch vor Zorn, wenn er sich die Situation rückblickend vor Augen hielt –, hatte der Direktor ihn ergriffen und voller Wut in die Ecke gefeuert. Dabei war er als Radiergummi völlig unschuldig gewesen. Aber eben, es sind immer die Kleinen, die herhalten müssen.

Wäre nicht seine Chefin, die Sekretärin, zu ihm gekommen und hätte ihn liebevoll aufgehoben und an den gewohnten Platz gelegt – wahrscheinlich hätte er fristlos gekündigt. Zum Glück hatte sie ihn davor bewahrt. Denn von ihr wollte er nicht fort. Er fände wohl kaum wieder eine so gute Chefin.

Ein Gefühl tiefer Zuneigung und Dankbarkeit durchströmte sein Herz. Hätte er sprechen können, er hätte ihr ein Kompliment oder gar eine Liebeserklärung gemacht.

So aber blieb es beim stillen Entschluß und der Bereitschaft: Für dich will ich mich aufreiben!

Es war einmal ein Lehrer ...

Schon seit vielen Jahren versah er in gewissenhafter Treue seinen Dienst. Tag für Tag, Sommer wie Winter, bei großer Hitze und bei eisiger Kälte nahm er den Weg unter die Füße zum Ort seiner Tätigkeit. Selbstverständlich war der Sonntag davon ausgenommen. Das hätten ihm sein ethisches Gefühl und seine religiöse Erziehung verwehrt.

Sonst aber konnte nichts oder fast nichts ihn abhalten, seinem Lehrauftrag nachzukommen. Es war für ihn ein erhebendes Gefühl zu wissen, daß er mit seinem unermüdlichen Einsatz zum Wohl einer ganzen Generation beitrug,

das gesellschaftliche Leben einer Stadt durch ihn und seinen Dienst entscheidend geprägt wurde.

Nur zu oft wurde er allerdings direkt oder auch indirekt mit dem Schmutz konfrontiert, den eine Wohlstandsgesellschaft mit sich gebracht hatte und der selbst vor den besten Familien nicht Halt machte. Mit dem Einsatz seiner ganzen Kraft dagegen anzugehen, war für ihn heilige Verpflichtung. Wie freute er sich über jeden Erfolg, den er verbuchen konnte!

Mochten manche Bürger auch geringschätzig von ihm reden, ihn meiden – die Mehrzahl der Leute schätzte ihn und seinen Dienst.

Natürlich wußte er auch um eigene Schwächen und Fehler. Er gab sie auch offen zu.

So hatte er z. B. einfach Mühe mit der Rechtschreibung – jawohl mit der Rechtschreibung! Mußte er seinen Beruf angeben, so schrieb er regelmäßig ein „h" statt ein „e". Aber schließlich ist es auch ein schweres Wort: Mülltonnen-Leerer!

Es war einmal eine Bahnschranke ...

Einer ihrer markantesten Wesenszüge war wohl der, daß sie in entscheidenden Augenblicken immer quer stand. Und obwohl es sich um einen Wesenszug handelte, der ihr in die Wiege gelegt war, hatte sie sich nie so recht damit abfinden können. Nur zu oft mußte sie es schmerzlich erfahren, daß sie bei vielen Volksgenossen als unverbesserlicher Querulant abgestempelt wurde.

Wenn sie ihr stolzes Rückgrat bis tief zur Erde neigte und Kraft ihres Amtes die Straße sperrte, damit der Zug ungehindert seine Gleise ziehen konnte, – ja dann konnte und mußte sie sich immer wieder einiges an Beschimpfungen anhören.

Und diese Ausfälligkeiten kamen keineswegs nur von einer Randgruppe. Vom Fußgänger angefangen über die Fahrrad- und Motorradfahrer bis hin zu den Automobilisten –, alle konnten sie es sich je und dann nicht verkneifen, mit einem gehässigen Wortschwall auf die Barriere loszuhacken. Am schlimmsten war es um die Mittagszeit. Doch wehe, wenn sie es je einmal verpaßt hätte, rechtzeitig in die Knie zu gehen. Kaum auszudenken!

Daß sie immer wieder so viele Menschen zum Anhalten brachte, geschah ja nicht aus Laune, sondern aus Liebe; nicht als Scherz, sondern als Schutz. Die Berufskollegin nebenan sagte ihr einmal: „Weißt du, manche Menschen müssen eben zu ihrem Glück gezwungen werden!"

Es war einmal eine Ziehharmonika ...

Auf einem Volksfest hatte sie die Bekanntschaft einer Trommel gemacht. Während sie selbst zum Ensemble eines Trachtenchores gehörte, war die Trommel Mitglied einer Kapelle, die sich vornehmlich die Pflege und Darbietung von Marschmusik zum Ziel gesetzt hatte.

Damit kein falscher Verdacht aufkommt, sei gleich am Anfang erwähnt, daß es sich um ein durchaus gediegenes Volksfest und um eine saubere Beziehung zwischen diesen beiden musikalischen Teilnehmern des Festes handelte. Man weiß ja, wie rasch sich böse Gerüchte verbreiten und wie man heutzutage sich sofort absichern muß.

Wenn der Trachtenchor sang, ließen da und dort einzelne Teilnehmer einen Jodler oder Freudenjauchzer erschallen. Erklang dagegen ein rassiger Marsch, konnten es sich

einige Männerfüße einfach nicht versagen, den Takt zu stampfen.

Wenn beim Gesang des Trachtenchores die Ziehharmonika eine fröhliche Weise spielte, sah die Trommel fasziniert zu und staunte über die Vielfalt der Töne, über die dynamische Tonfülle, die sich die Ziehharmonika zu entlocken verstand.

Für die Trommel war das geradezu himmlische Musik; sie verspürte dabei ein ganz neues Lebensgefühl. Dagegen empfand sie ihre Musik plötzlich als eintönig und plump.

Wenn dann aber die Marschmusik begann, war der Blick der Ziehharmonika wie gebannt auf die Trommel gerichtet. Sie hörte zwischen den Klängen der vielen Instrumente immer wieder nur die machtvollen Schläge der Trommel. Sie fand es herrlich! Das war männlich-imposante Musik. Sie kam sich plötzlich mit ihrem Können so oberflächlich, zigeunerhaft vor.

In einer Pause hatten sie dann Gelegenheit, etwas ausführlicher miteinander zu reden. Sie sparten dabei nicht mit gegenseitiger Bewunderung und mit Lobeshymnen auf das Können des andern.

„Wenn du ertönst", sagte die Ziehharmonika, „geht das durch Mark und Bein! Du bist so männlich, so stark! Ohne dich wäre die Marschmusik fade. Du aber setzt immer markante Akzente. Ich bewundere dich!"

„Als du erklangst", erwiderte die Trommel, „wurde mir so warm ums Herz! Dein fröhliches Wesen und deine Fähigkeit, im richtigen Moment kräftig und zart zu spielen, begeistern mich. Ich bewundere dich!"

Die gegenseitige Bewunderung war groß. Und aus der Bewunderung erwuchs ein Wunder: sie staunten nicht nur über das Können des andern, sondern sie sahen auch wieder ihre eigenen Fähigkeiten und konnten sie neu bejahen.

Es war einmal ein Schaukelstuhl ...

Mit viel Geschick und Geschmack hatte sich der junge, dynamische Chef sein Direktionsbüro eingerichtet. Es sollte nicht nur ein tristes Arbeitszimmer sein mit Schreibtisch, Rollschrank und Register. Er war nicht ein Mann des Entweder – Oder. „Man muß das Nützliche mit dem Angenehmen verbinden", war sein Motto.

Und so machte er sich auch das Angenehme zunutze. Die eine Hälfte des Büros wurde beherrscht von einem mächtigen Schreibtisch. Um nicht immer hin und her rükken zu müssen, hatte sich der Chef einen praktischen Drehstuhl dazu ausgewählt. – Die andere Hälfte des Raumes, beim Fenster, mit Blick in die Grünanlage, war eine gemütlich-nette Sitzecke mit einem bequemen Schaukelstuhl.

Wenn die Arbeitsintensität des Direktors das Sitzleder im Drehstuhl warm werden ließ, wechselte er für einige Minuten in den Schaukelstuhl, um die strapazierten Glieder in wippender Bewegung zu entspannen. Er empfand das als eine ideale Lösung. – Doch es geschehen Dinge zwischen Himmel und Erde, die Menschenweisheit nicht zu erahnen vermag.

Kaum verließ der Chef das Büro, gerieten die beiden Stühle – obwohl gleicher Abstammung, wenn auch mit unterschiedlicher Begabung – sich in die Haare, daß einem Hören und Sehen verging. Das heißt, genaugenommen ging der Konflikt immer vom Drehstuhl hinter dem Schreibtisch aus. Der Schaukelstuhl konnte es meist in überlegener Gelassenheit über sich ergehen lassen. Wenn es aber allzu bunt wurde, platze auch ihm der Kragen.

Seine Faulheit stinke ja gen Himmel. Ob er sich nicht schäme, so dem lieben Gott die Zeit zu stehlen? schleuderte der Drehstuhl seinem Kollegen an den Kopf. Aber es sei ja offensichtlich, daß er keinen Charakter habe. Wenn man sieht, wie wankelmütig er sei. Außerdem komme er vermutlich oftmals schon betrunken zur Arbeit. Wie anders sei sein Schwanken zu erklären.

Heiter belustigt erwiderte der Schaukelstuhl: „Und auf was führst du deine kreisenden Bewegungen zurück? Völlig abstinent, nicht wahr?" –

Ich will das Donnerwetter nicht beschreiben, das der Drehstuhl daraufhin losließ. Zum Glück kam gerade der Chef zurück, und es wurde still.

Dem Schaukelstuhl taten diese Ausfälle eigentlich leid. Aber was sollte er machen? Er spürte zutiefst die Eifersucht seines Zimmerkollegen. Dabei versah ja auch er nur seinen Dienst im Rahmen seiner Möglichkeiten. Was konnte er dafür, daß der Chef auf dem Drehstuhl angespannt, auf ihm aber entspannt saß?

War es die lebensbejahende Haltung des Schaukelstuhls, während der Drehstuhl eine lebensverneinende Haltung einnahm?

Er nickte nachdenklich mit dem Kopf.

Es war einmal ein Tagebuch ...

Zum Glück hatte es ein frohes und unbeschwertes Gemüt. Das war ein Geschenk, das ihm bereits in die Wiege gelegt ward. Und schon oft hatte es, seit seiner Jugendzeit, von ganzem Herzen dafür gedankt. O ja, es wußte sehr wohl, daß eine sonnige Unbeschwertheit und ein fröhliches Herz eine Gabe des Schöpfers sind.

Es sah das an seinen Geschwistern, die alle sehr verschieden waren, trotz der gemeinsamen Eltern.

Mit ihm waren sie vier Buchkinder. Ob es an der Berufswahl lag, die sie alle so unterschiedlich werden ließ, oder umgekehrt ihre Verschiedenartigkeit sie zu so unterschiedlicher Berufswahl hinführte: wer wollte das beurteilen?

Seine Schwester wählte den Beruf eines Kochbuches. Sie war schon von Kindheit an für etwas Schmackhaftes immer zu haben gewesen. – Ein Bruder wurde Kassabuch. Auch das war eigentlich vorauszusehen. Schon als Kind waren ihm Geld und Zahlen das liebste Spielzeug. Er war zugleich das Sorgenkind der Familie. In letzter Zeit verspürte man bei ihm einen Zug zur Raffgier und zum Geiz. Ja, das liebe Geld! Wie viele hat es schon auf böse Wege geführt.

Um so mehr Freude hatte das Tagebuch an seinem jüngsten Bruder, der eine theologische Laufbahn einschlug und heute einen gesegneten Dienst als Andachtsbuch tut. Es selbst hatte, einem Kindheitstraum folgend, den Weg als Tagebuch gewählt. Der Berufsberater hatte es darin bestätigt, obwohl die Eltern eher etwas gezögert hatten. Man wüßte nie, wem es dabei in die Hände fiele.

Es begriff die Sorgen seiner Eltern wohl, aber wer hat schon im Leben die Garantie, daß er nicht in ungute Gesellschaft

gerät? – Schließlich braucht es auch ein Stück Gottver-
trauen!

Bis jetzt hatte das Tagebuch keine schlechten Erfahrungen gemacht. Seine Aufgabe war vielseitig und interes-
sant und gab ihm viele Möglichkeiten, sich nützlich zu
machen.

Kürzlich war es beim Nachdenken darauf gekommen, daß
es eigentlich vielerlei Tätigkeiten versah. Es zählte so vor
sich hin: Geheimnisträger – Gedächtnisstütze – Seelsor-
ger – Beichtvater – Klagemauer.

Schon oftmals, wenn ihm seine Besitzerin wieder etwas
anvertraute, wollte auch ihm schier das Herz schwer werden, – wenn es eben nicht ein solch unbeschwertes
Gemüt besessen hätte. Das half ihm und auch der Schrei-
berin über die Runden.

Natürlich trug es auch eine Menge Schönes, Frohmachen-
des in seinem Herzen, lustige Erlebnisse und Ergüsse aus
Zeiten des Verliebtseins.

Aber es würde nichts, rein gar nichts, davon weitererzäh-
len. Das war Ehrensache! Es hatte sich freiwillig einer beruf-
lichen Schweigepflicht unterworfen. Und es hat gute Erfahrungen damit gemacht. Es genoß das volle Vertrauen seiner Inhaberin.

Sein Lebensmotto war – und es war bis jetzt gut gefahren
damit –:

„Ein fröhlich Herz und viel Vertrauen, darauf kann ich und
andre bauen!"

Es war einmal ein Suppenlöffel ...

Von Natur aus war er eher schüchtern-bescheiden. Was sollte er auch große Worte verlieren oder gar protzig auftreten. Das lag nicht in seinem Wesen. Wahrscheinlich war das eine geerbte Anlage. Schon seine Eltern waren stille, einfache Leute gewesen, die ihren Dienst mit Hingabe versahen. Dementsprechend hatte der Suppenlöffel auch keine höhere Schulbildung genossen. – „Bildung macht nur eitel!" hatte sein Vater jeweils gesagt. „Hauptsache, man ist im praktischen Leben rührig und mundfertig." Und das war der Suppenlöffel.

Er hatte sich dann allerdings im Laufe der Jahre als Autodidakt doch manches Wissen angeeignet. Wißbegierig hörte er zu, wenn das Tischgespräch der Leute Themen behandelte, die ihn interessierten. Auf diese Weise hatte er sich während eines Kurses einige interessante Kenntnisse über die menschliche Typologie erworben. Sich selbst schätzte er – zaghaft eine Diagnose stellend – als Sanguiniker mit melancholischem Einschlag ein. Vielleicht war es fachlich nicht ganz korrekt. Aber was tut's? Er hatte so ganz im Geheimen auch seine Kollegen typologisiert: Messer, Gabel und Dessertlöffel. Aber nie hätte er es gewagt, ihnen das zu sagen. Die hätten ihn ja doch nur ausgelacht.

Apropos Kollegen. Es war nicht immer ganz leicht, mit ihnen in einem guten Einvernehmen zu leben. Sie fühlten sich sowieso erhaben über den Löffel. Was dem Suppenlöffel aber mehr Mühe bereitete, war das ewige Gerangel zwischen diesen Kollegen. Messer und Gabel stritten sich doch ständig, wer die wichtigere Funktion habe. Mit Schärfe argumentierte das Messer, daß es ja erst die Voraussetzung dafür schaffe, damit die Gabel in Funktion tre-

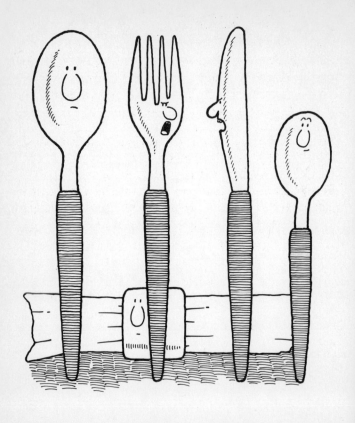

ten könne. Die Gabel dagegen konterte spitz: „Was heißt
da ,Voraussetzung schaffen'? Ganz gewöhnliche Hilfs-
dienste mußt du leisten. Ich aber führe das schmackhafte
Essen zum Munde!"
Der Dessertlöffel unterstützte in diesen Diskussionen nicht
etwa den Suppenlöffel, obwohl sie doch miteinander ver-
wandt waren, wenn auch bloß im zweiten Grade. Er fühlte
sich weit erhaben über allem Rangstreit. Für ihn war klar: Er
gehörte zum Adel, sozusagen zur oberen Schicht. Schließ-

lich benutzte man ihn ausschließlich für die feinen Kostbar-
keiten des Nachtisches. Das war ihm wohl in den Kopf
gestiegen.

Eine Lösung oder wenigstens ein Ende des Gerangels war
da schwerlich zu finden. Als die Serviette einmal vermit-
telnd eingreifen wollte, fuhr das Messer sie scharf an:
„Halte du dich da bitte heraus! Wenn ich bedenke, wie du
den Leuten über den Mund fährst!"

Seitdem schwieg sie still. Gründlicher hätte man ihren
Dienst nicht verkennen können.

Der Suppenlöffel aber verstand sie. Er hatte für sich den
Entschluß gefaßt, sein Herz freizuhalten von diesem
Gerangel um Positionen. Daß er damit den Weg zur inne-
ren Größe betreten hatte, war ihm gar nicht bewußt.

Es war einmal ein Besen ...

Sommer wie Winter hatte er seinen festen Platz in der Nische am Hauseingang. Das kam ihm nicht ungelegen. Er war nämlich nicht der Typ, der einen ständigen Wohnortwechsel schätzte. Nicht der Wechsel, sondern das Altvertraute war ihm lieb. Abwechslung hatte er trotzdem noch genug. All die vielen Menschen, die Tag für Tag zum Haus ein und aus gingen. Ehrlich gesagt: Es war ihm fast zu viel. Am Abend litt er manchmal unter Kopfschmerzen.

Und wenn er an all den Schmutz dachte, den die Leute heranschleppten! Es graute ihm richtiggehend davor. Wie rücksichts- und gedankenlos die Menschen doch oft sind! Wer denkt schon an ihn, den Besen, und an die Arbeit, die es mit sich bringt?

Nicht, daß er faul und arbeitsscheu gewesen wäre. Ganz und gar nicht! Aber das war halt seine Schwäche: Er machte sich ständig Sorgen. Eigentlich völlig grundlos; bis jetzt war er immer rechtzeitig fertiggeworden. Gesundheitlich war er ja gut dran. Und seine Borsten griffen gut. Aber eben, – immer diese Sorgen!

Wenn er dann hörte, was die andern seiner Artgenossen alles bewältigten! Es wurde ihm schwindlig. Dabei dachte er jetzt keineswegs an das eine Ausnahmeexemplar von Besen, das sogar in die klassische Literatur Eingang gefunden hat. Jener Besen, der auf Geheiß des Zauberlehrlings auf zwei Beinen ging und Wassereimer schleppte. Zufällig hatte er davon gehört. – Da konnte er nur den Kopf schütteln.

Aber auch andere, ganz gewöhnliche Besen leisteten Unvorstellbares. Mit Leichtigkeit und Eleganz huschten die über den Boden. Ruck, zuck, und der Dreck war auf der Schaufel.

Ein tiefer Seufzer entrang sich seiner Seele. Er war halt schwerblütig und dazu noch so gewissenhaft und exakt. Der Handbesen hatte sorgar einmal behauptet, er sei ein Perfektionist.

Was immer das auch ist, – von seinen Sorgen hatte diese Bemerkung ihn nicht befreit. Im Gegenteil! Jede Woche neu steigerte sich seine Angst vor dem Samstagsputz so stark, daß er die Nacht davor kein Auge zutat.

Die gutgemeinten Ratschläge der andern halfen ihm nichts, sie wirkten eher deprimierend:

„Nur Kopf hoch, du schaffst es schon!" Oder: „Hast du noch nie daran gedacht, dich vorzeitig pensionieren zu lassen?"

Was ihn allerdings nachdenklich gemacht hatte, war die Mahnung seines Freundes, des Schrubbers: „Meinst du nicht, daß der, der dich als Besen schuf, wußte, was dir zuzumuten ist? Du solltest mehr vertrauen statt sorgen!"

Es war einmal ein Fahrrad ...

Geradezu aufreizend vulgär lachte es laut vor sich hin. Es war ein Lachen, bei dem man nicht recht wußte, ob es nicht im nächsten Augenblick in ein Heulen der Enttäuschung umschlagen würde.

Entsetzt und verlegen schauten die Umstehenden zu ihm hin. Was war nur los mit ihm?

Ja, was war nur los? Das fragte sich das Fahrrad auch. Letztlich war es selber schuld. Wie hatte es nur so naiv sein können! Wirklich, wie ein Laie, wie ein blutiger Anfänger, wie ein Schreibtischgelehrter, der von der Praxis des Lebens keine Ahnung hat, so hatte es sich benommen. Dabei hatte alles so verheißungsvoll und schön ausgesehen.

Erst einige Wochen war es her, daß es von der Fabrik zum Fahrradhändler kam. Im Schaufenster erhielt es einen günstigen Platz, von dem aus es einen wunderbaren Überblick über die nahe Kreuzung hatte. Und da – erst da – erkannte es, welch ungeahnte Möglichkeiten in ihm schlummern mußten. Es sah andere Fahrräder vorbeiradeln, sah, wie sie sich geschickt zwischen den wartenden Autos durchschlängelten. Ein abwechslungsreiches, erfolgversprechendes Leben wartete! O, es freute sich!

Und dann war es so weit. Ein Ehepaar mittleren Alters wählte das Rad aus (oder war es umgekehrt?).

Die ersten Tage verliefen auch gut, wie alles Neue zunächst halt fasziniert. Aber dann – es könnte gerade wieder loslachen, oder ehrlich gesagt: losheulen –, dann kamen die Schwierigkeiten.

Es begann mit der Feststellung, daß es in sich gar nicht eine solche Einheit bildete, wie es bisher gemeint hatte. Eigentlich bestand es aus einer unfreiwilligen Schicksalsgemeinschaft technischer Einzelteile, wo jedes eine Eigenfunktion ausübte. Und doch mußten sie nun, ob sie wollten oder nicht, zusammenarbeiten und beieinander wohnen.

Um das Problem zu verdeutlichen, nur einige Beispiele: Die Kette machte dem Zahnrad zum Vorwurf, es würde in stählerner Härte durchgreifen. Lange würde sie dem nicht zusehen. Wenn sich das nicht ändere, würde sie einfach herunterspringen.

Die Bremsen protestierten über die Hitze. Das sei nicht zum Aushalten. Wenn nicht schnellstens eine Kühlung eingebaut würde, sähen sie keine andere Möglichkeit, als einfach zu blockieren.

Die Klingel schimpfte über den Besitzer, d. h. vor allem über seine Frau. Die würde sie ständig an den Ohren ziehen, so daß sie laut aufschreien müsse. Irgend etwas von Menschenrechtskonvention murrte die Klingel.

Und dann war da noch eine Auseinandersetzung zwischen der Lampe und dem Dynamo. Sie könne natürlich gut strahlen, sie habe ein leichtes Leben. Er aber müsse sich dafür den Kopf wundreiben am Rad. Sie solle sich nur nicht einbilden, daß sie lange auf seine Kosten schmarotzen könne.

Hier fing das Fahrrad an zu schluchzen. „Und dabei habe ich mir alles so schön vorgestellt!"

Altklug versuchte der Sattel es zu trösten: „Anfangsschwierigkeiten sage ich dir, reine Anfangsschwierigkeiten! Ich weiß es von andern Fahrrädern."

Daß diese aber hart an ihrer Beziehung arbeiten mußten, war ihm entgangen. Er hatte halt ein dickes Fell über sich gezogen.

Es war einmal eine Kaffeekanne ...

Man muß schon sagen: Es war ein Genuß, sie anzuschauen. Keineswegs nur um ihretwillen, obwohl sie für sich schon ein Prachtstück war. In der Vitrine des alten Stubenbuffets hatte sie einen gebührenden Platz gefunden. Umgeben war sie von einer stattlichen Zahl Familienangehöriger und näherer und weiterer Verwandten wie eine Glucke von ihren Küken. Da waren in zwölffacher Ausführung Tassen, Untertassen und Dessertteller, daneben aber auch ein Milchkrug, Zuckerdose und Kuchenplatten.

Wirklich, es war ein Genuß, sie anzuschauen. Zweifel an der Zugehörigkeit zur weitläufigen Verwandtschaft gab es nicht. Dazu waren sich alle viel zu ähnlich. Schließlich mußte auch keines seine Abstammung leugnen. Die Kaffeekanne, sozusagen als Familienoberhaupt, war stolz auf ihre Herkunft: altdeutscher Adel aus dem Geschlecht der Rosenthal.

Ausgestattet mit diesem Selbstwertgefühl standen sie deshalb auch bei jeder Familienfeier auf dem Stubentisch. Das war schon immer so, – bis zu jenem besagten Tage. Die Kaffeekanne dachte nur mit einem unguten Gefühl daran zurück.

Der Tisch war gedeckt, alles bereit, aber sie, die Kaffeekanne, war im Buffet stehengeblieben. Hatte man sie vergessen? Sie, die wichtigste Person? Und dann entdeckte sie mit jähem Entsetzen, daß an ihrem Platz auf dem Tisch eine Konkurrentin stand. So ein neumodisches Ding – sie sprachen von einer Thermokanne – aus kaltem Chromstahl, ohne Stil, Dekor oder adliger Herkunft.

Und der Gipfel von allem: sie mußte sich auch noch das – Pardon! – Geschwätz der Gäste anhören. „Wie praktisch ist doch so eine Thermokanne. Jetzt bleibt der Kaffee viel länger warm!"

Ärger und Eifersucht wallten in diesem Augenblick in den Adern der alten Kaffeekanne. Am liebsten wäre sie auf den Tisch gesprungen und hätte dieses neumodische Ding umgestoßen. Doch sie konnte sich beherrschen. Oder besser gesagt: Genau in diesem Moment hörte sie aus dem Innern des Schrankes eine leise, tiefe Stimme:

„Nimm's doch nicht so tragisch. Ich weiß, wie das ist, wenn man zurückgesetzt wird. Aber man muß vergeben können!"

Es war der alte Kaffeekannenwärmer. Er war damals auf Betreiben der Kaffeekanne ausrangiert worden, weil sie sich darunter so verdeckt und verdrängt fühlte. Jetzt tat ihr dieses Verhalten fast leid.

„Ja, ja", sagte sie leise vor sich hin, „man muß auch vergeben können!"

Es war einmal ein Schuh ...

Um ganz korrekt zu sein und um das Problem ohne Umschweife anzugehen, muß gesagt werden, daß es zwei Schuhe waren. Also ein Paar. Und genau da entzündete sich jeweils die Auseinandersetzung: Sind es zwei Schuhe, oder ist es ein Paar? Manchmal führte das zu geradezu philosophischen Überlegungen. Bin ich ein Ich, und bist du ein Du, oder sind wir ein Wir? Gibt nicht das „Wir-Gefühl" uns die Existenzberechtigung und den Daseinswert?

Die ganze Problematik war in ihr Leben gekommen, als sie an den Füßen eines Psychologen an einem Kongreß teilnahmen, an dem über die Selbstfindung des Individuums referiert wurde. Vielleicht hätten sie besser nicht zugehört. Damit aber nun nicht ein falsches Bild entsteht, sei klar hervorgehoben, daß ihr Verhältnis zueinander überaus gut war. Seit vielen Jahren führten sie eine glückliche Ehe. Die seelische Harmonie ging so weit, daß sie sich auch äußerlich glichen. In einem andern Vortrag hatten sie einmal den Satz gehört: „Was man mit Hingabe anschaut, in das wird man verwandelt!" – Nur so konnten sie sich dieses Phänomen erklären. Und wirklich, manche Leute meinten schon, daß sie Zwillinge seien. Nur bei genauer Beobachtung erkannte man den Unterschied. Während der eine Schuh vorne eine leichte Neigung nach rechts hatte, tendierte der andere an dieser Stelle etwas nach links. Das ergab eine gegenseitige Zuneigung.

Aber nur von Zuneigung zu sprechen, das wäre in ihrem Falle einfach zu wenig. Nein, eine echte, tiefe Liebe verband sie. Und obwohl sie schon, wie gesagt, viele Jahre miteinander eine glückliche Ehe führten, überkam sie je und dann eine Phase, in der sie bis über beide Ohren in-

einander verliebt waren. Oder müßte man in ihrem Falle sagen: über alle Ösen verliebt?

In solchen Augenblicken hätte sie sich am liebsten einen langen Schnürsenkel gewünscht, der sie beide für immer verband. Aber das wäre eine eindeutige „Wir"-Aussage gewesen.

Doch sie wollten sich an diesem Problem nicht die Zähne ausbeißen und schon gar nicht ihre gegenseitige Liebe davon erschüttern lassen.

Der männliche Schuh fand schließlich das Ei des Kolumbus. „Jeder von uns ist ein Ich. Füreinander sind wir ein Du, und für die andern sind wir ein Wir!" – Ob das nun für menschliche Philosophen oder philosophische Menschen akzeptabel war oder nicht, das sollte ihnen kein Sohlenbrennen bereiten. Ihnen ging die gegenseitige Zuneigung über alles. Sie rückte mit ihrem Absatz ganz nahe an den seinen und schmiegte ihre Wange an ihn: „Du und ich und wir zwei, wir haben uns lieb!", flüsterte sie ihm zu.

Es war einmal eine Uhr …

Obwohl sie den aktiven Ruhestand – wie man gern den Lebensabend nennt – in einem Zürcher Oberländer Fachwerkhaus verbrachte, stand ihre Wiege doch weit davon entfernt in Frankreich. Aber das ist lange her. Sie befand sich in dem Alter, wo man keinen Jahrgang mehr hat. Was sagen auch schon Jahreszahlen! Weit wichtiger waren ihr die Erfahrungen, die sie direkt und indirekt erleben oder miterleben durfte und mußte. Bände würde das füllen, wollte sie alles erzählen. Doch manches würde sie lieber unausgesprochen mit ins Grab nehmen. Nicht alles, was man weiß, ist auch wissenswert! Und überhaupt, was sollte sie über andere erzählen? Sie hatte genug mit sich zu tun.

„Die läßt sich durch nichts aus der Ruhe bringen!", hörte sie manchmal die Leute sagen. Wenn die wüßten! Es waren vor allem zwei Dinge, die ihr eigentlich zeit ihres Lebens Not bereiteten:

Wie eine unheilbare Krankheit hingen zwei eherne Gewichte an ihr, die sie unaufhörlich in die Tiefe ziehen wollten. Natürlich war ihr klar, daß sie nur dank dieser Belastung leben konnte. Aber zwischen Theorie und Praxis, zwischen Verstand und Gefühl klaffen oftmals Abgründe. Sie hatte sich in dieser Angelegenheit zu einem „Ja" durchgerungen, dank dessen sie immer noch am Leben war. Nun also schon im hohen Alter.

Das andere, – ja, das machte ihr halt auch zu schaffen: die beiden Zeiger, der Stunden- und der Minutenzeiger. Um ihnen gerecht zu werden, sei erwähnt, daß sie meistens in friedlicher Harmonie ihren Weg gingen. Aber eben nur meistens, nicht immer!

Was dann letztlich das Faß zum Überlaufen brachte, wußte

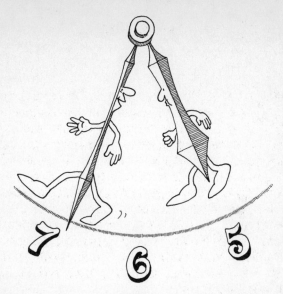

die Uhr selbst nicht. Jedenfalls konnte es geschehen, daß sich die beiden grauenhaft in die Haare gerieten. Vor allem der Stundenzeiger fühlte sich benachteiligt, weil er kleiner war und nicht so rasch gehen konnte wie sein Kollege.

In solchen Augenblicken war sein Selbstbewußtsein schrecklich angeknackst. Dabei – was wäre der Minutenzeiger ohne die klare Positionsaussage des Stundenzeigers?

Natürlich war der Minutenzeiger ein Filou. Er konnte es sich einfach nicht verkneifen, wenn er den Stundenzeiger leichten Fußes überholte, Bemerkungen fallen zu lassen wie „Na, Kleiner, Dicker?" – Aber im Grunde war das nicht böse gemeint.

Vielleicht mußte sie, die Uhr, es noch in ihrem hohen Alter lernen, nicht alles so tragisch zu nehmen. Schließlich mußten auch die beiden es lernen, miteinander auszukommen, wenn sie schon aufeinander angewiesen waren.

„Tick-tack, tick-tack", stimmte der Pendel ihr zu.

Es war einmal ein Schneemann ...

Lautes Freudengeschrei einer Schar munterer Kinder hatte seine Geburt angekündigt. Freilich war es nicht ganz korrekt, von einer Geburt zu sprechen. Es fehlten ihm dazu die Eltern, und außerdem war er viel zu groß für einen Säugling. Wenn schon, dann müßte bei ihm von einem Schöpfungsakt die Rede sein. Das weibliche Gegenstück, das kurz darauf in unmittelbarer Nähe entstand, würde diesen Vergleich bestätigen. Aber solche Spitzfindigkeiten waren hier sowieso nicht angebracht.

Die ausgelassene Freude der Kinder über ihr gelungenes Meisterwerk veranlaßten den Schneemann und die Schneefrau, sich gegenseitig näher zu betrachten.

Die schwarzen Kohlenknöpfe im Bauch des Schneemannes, seine Gelbrübennase, die braunen Baumnußaugen und nicht zuletzt der große Reisigbesen in seinen Armen gaben ihm ein stattliches Aussehen. – „Direkt hübsch!", dachte die Schneefrau.

Auch der Schneemann musterte sein Gegenüber. Er war noch etwas befangen. Natürlich fielen ihm sofort die roten Knöpfe auf, die von einem alten Wintermantel stammen mußten. Die Nase war gelb und spitz wie bei ihm selbst. Unter dem Kopftuch aus einem gebrauchten Kartoffelsack leuchtete goldgelbes Hanfhaar hervor. Die blauen Augen darunter waren nur noch das Tüpflein auf dem „i". Der Schneemann war fasziniert!

Und während die Kinder sich nun in der Nähe mit einer Schneeballschlacht vergnügten, tauschten die beiden Schneeleute Komplimente aus. Es war Liebe auf den ersten Blick.

Tagelang schwelgten sie in begeisterter Liebe oder in liebender Begeisterung. Doch der Ehealltag hat auch graue

Stunden. Plötzlich sahen sie auch Fehler und Schwächen aneinander. Sie hielten sich sogar ihr Älterwerden vor, obwohl sie das ja gemeinsam erlebten. Die Schneefrau hielt ihm vor, daß er dick werde. Doch daran war nur der tägliche Schneefall schuld.

Er bemängelte an ihr, daß sie schon graue Haare habe, was ja nur durch die Asche aus dem nahen Kamin gekommen war.

Die gegenseitige Liebe kühlte merklich ab.

Als dann nach Tagen die Sonne hervorkam, waren ihre Hinfälligkeit und das Abnehmen der Kräfte nicht mehr zu übersehen. Aber sie bewirkte noch etwas anderes. In den Herzen der beiden Schneeleute entfachte sie wieder neue, tiefere und reifere Liebe zueinander. Es war eine Liebe, die durchs Sterben ging. Schon dahinschmelzend schaute die Schneefrau ihn lange an und sagte: „Nicht wahr, mein lieber Schneemann, – Liebe ist stärker als der Tod!" Dann flossen sie gemeinsam zu einer großen Pfütze zusammen.

Es war einmal ein Tannenbaum ...

Er ließ keine Gelegenheit verstreichen, bei der er nicht darauf aufmerksam machte, daß es sich bei ihm nicht um einen „gewöhnlichen" Tannenbaum handelte. Überhaupt schätzte er es nicht, mit dem Wort „Baum" ergänzt und somit in die maskuline Linie eingereiht zu werden. Er war eine „Sie", eine Tanne. Wenn der Name „Tanne" mit einer zusätzlichen Kennzeichnung ergänzt werden sollte, dann allenfalls mit dem für sie wichtigen Wörtlein „blau". Sie war eine gebürtige Blautanne, also vornehmer Herkunft. Sie konnte recht pikiert sein, wenn jemand sie den gewöhnlichen Rottannen zuordnete. So etwas passierte natürlich nur einem totalen Laien. Wer selbst zum Pöbel gehört, kennt halt nur seinesgleichen.

Sie war also eine Blaublüterin, eine Adlige, die sich nebst ihrer edlen Herkunft durch eine traumhafte Schönheit auszeichnete.

Es liegt geradezu auf der Hand, daß ihresgleichen nicht – wie z. B. die gewöhnlichen Rottannen – wälderweise herumstanden. Es waren ihrer nur wenige, die wohlgepflegt und wohlbehütet im Park einer Villa wuchsen, aber nicht allzuweit entfernt von einem Tannenwald, einem Jungforst von wenigen Lenzen.

Auf diesem Hintergrund hob sich die Blautanne erst recht vorteilhaft ab. Und nicht nur das: Sie konnte mit eigenen Augen das Werden und Vergehen der gewöhnlichen Tannen mitverfolgen. Jedes Jahr im Winter wurden große Mengen Rottannen abgesägt für den Weihnachtsmarkt. Bei der Blautanne klang das Wort fast wie „Sklavenmarkt". Und die Praxis ließ ja auch gewisse Vergleiche zu. Nicht

auszudenken, wenn solches ihrem edlen Geschlecht widerfahren würde!

In einer der letzten Nächte vor Weihnachten geschah dann das Entsetzliche! Zwei Männer, die im Tannenwald kostenlos einen Baum schlagen wollten, entdeckten die Blautanne der Parkanlage. Ein kurzes sägendes Geräusch, und schon wanderte die Blautanne mit den Männern stadteinwärts. Alles Aufbegehren half ihr nichts. Dicke Harztränen rannen ihr am Stamm herunter. Es waren nicht Tränen des Schmerzes oder der Trauer, daß sie nun ein

Weihnachtsbaum werden sollte. Es waren Tränen gekränkter Eitelkeit. Daß ihr das passieren mußte!

Erst nach und nach konnte sie sich innerlich fangen. Da wurde ihr bewußt, daß sie ihr Schicksal mit unzähligen anderen Tannen teilte. Was hatte ihr das Recht gegeben zu glauben, daß sie etwas Besonderes sei?

Plötzlich schämte sie sich über ihr bisheriges Verhalten. In ihrem Herzen bat sie alle Rottannen um Verzeihung. – Als am Heiligabend an ihr die Kerzen erstrahlten, lag auch auf ihr ein Glanz stiller Zufriedenheit.

Es war einmal ein Vogelhäuschen ...

An schöner, aussichtsreicher Lage hatte man es aufgestellt. Nach allen vier Himmelsrichtungen war es von Grünanlagen umgeben. Ein Paradies für jung und alt.

Gewiß, das mit dem „Vogelhäuschen" war leicht untertrieben. Man könnte viel eher von einem Vogelwohnblock sprechen. Denn vom Platz her bot es vielen Vögeln Unterkunft. Trotzdem hätte es ein Paradies sein können, wenn ..., ja, dieses leidige „Wenn"!

Wer wüßte nicht, daß dort, wo viele Parteien miteinander hausen, auch immer wieder Spannungen und Streitereien auftreten! Dieses fragwürdige Privileg gilt keineswegs nur für die Menschen.

Kurz nach der Fertigstellung des Vogelhauses hatte sich eine mehrköpfige Meisenfamilie eingenistet. Nur zu den Mahlzeiten selbstverständlich. Es handelte sich also mehr um ein Kosthaus als um ein Wohnhaus. Selbst als sich eine allerliebste Rotkehlchen-Sippe einfand, war der Hausfriede noch ungestört.

Angefangen hat es dann – wir ahnen es schon – mit den Spatzen. Hier setzte sich der Mechanismus der Vorurteile in Bewegung. „Vorsicht, es kommen die frechen Spatzen!", piepste eine Meise. Alle Meisen und Rotkehlchen gingen in Abwehrstellung, und den Spatzen blieb daraufhin nichts anderes übrig, als die Rolle zu spielen, die man ihnen zugedacht hatte: sie wurden frech! Mit Schnabelhieben und Flügelschlägen vertrieben sie die andern Vögel vom reich gedeckten Mittagstisch.

Daß es dann den Spatzen ebenso erging, als einige Amseln aufkreuzten, ist eine Tragik besonderer Art.

Es begann ein Vielfrontenkrieg der Vögel. Alles verlief

nach einem ausgeklügelten und wohlprogrammierten Schlachtplan. Jede Vogelgattung hatte sich auf einen Baum rings um das Vogelhaus zurückgezogen und verschanzt. Verließen die Amseln den Futterplatz, schossen die Spatzen wie aus Kanonen geschlossen vor und deckten ihren Futterbedarf.

Diese wurden dann von einem Schwarm Meisen abgelöst, welche nach eingehender Sättigung den Rotkehlchen das Schlachtfeld überließen.

Einzelne Vögel, denen das ständige Abwarten und Beobachten offenbar zu dumm wurde, versuchten mit der Zeit, bereits während der Anwesenheit der anderen Vogelgattung, sich sehr höflich dem Futterplatz zu nähern. Und siehe da, – es kam zu keinerlei Kampfhandlungen. Man beobachtete sich zwar argwöhnisch – aber duldete den andern.

Es dauerte nicht lange, so waren Meisen, Rotkehlchen, Amseln und Spatzen miteinander um das Vogelhäuschen vereint.

„Ehrlich gesagt", kam es von einer Meise, „ich hätte mir die Spatzen frecher vorgestellt. Die können ja recht manierlich sein!" – „Und die Amseln", piepste ein Rotkehlchen, „sind zwar größer als wir, aber eigentlich doch recht gemütliche Typen." „Man sollte sich einfach zuerst kennenlernen, bevor man seine Vorurteile von den Dächern pfeift", meinte ein Spatz.

Er wurde dann einstimmig zum Hausmeister und Platzwart gewählt.

Es war einmal ein neues Jahr ...

Etwas verächtlich und überlegen schaute es auf das alte Jahr zurück. Offensichtlich hatte dieses im Laufe seines Lebens manches abbekommen, hatte verschiedene Risse und Flicken vorzuweisen. Falten und Runzeln durchfurchten seine Stirn. Offen und ehrlich hatte es zugegeben, daß es nicht noch einmal von vorne beginnen möchte. Es sei nun alt und lebenssatt.

Aber alle diese Merkmale des Alters waren ja noch längst kein Beweis dafür, daß es ein Leben ohne Inhalt und Gewicht gewesen war. O, es hatte wirklich gute Zeiten erlebt! An manchen Tagen seines Lebens hatte der Nachrichtensprecher bei den Wetterprognosen die Worte gesprochen: Vorwiegend heiter! Das ist schließlich auch etwas!

Doch es ist nun mal eine immer wieder sich bestätigende Erfahrung, daß die Alten im Rückblick ihr Leben etwas vergolden. Die Jungen dagegen sehen im Leben der Alten oftmals nur die Unterlassungssünden und Defizite. „Wir wollen es besser machen!", sagen sie dann.

Darin machte das „Neue Jahr" keine Ausnahme. Es war nicht so programmlos über die Altjahrsschwelle gestürzt und kindlich-naiv ins Dasein eingetreten. Ihm sollte es nicht ergehen, wie manchen seiner Vorfahren, die fast die Hälfte ihres Lebens verbracht hatten unter dem Motto: „Mal sehen, was kommt!" – Schließlich kann man die Gestaltung seines Lebens nicht dem Schicksal überlassen.

So hatte es kurz nach Mitternacht, als die Glocken das Altjahr zu Grabe läuteten, die Ärmel hochgekrempelt und sich an die Arbeit gemacht.

Um alle Ideen verwirklichen zu können, bräuchte es eigentlich zwei Leben. Darum wollte es keine Zeit verlieren. Es würde sicherlich einmal als ein besonderes Jahr in die Geschichte eingehen!

Ungeduldig schaute das „Neue Jahr" auf die Uhr, die im Gleichschritt ihren Weg ging. „Nur ruhig Blut", schien sie zu sagen, „alles hat seine Zeit. Gut Ding will Weile haben!"

Monate später erschien das „Neue Jahr" – das heißt, so neu war es gar nicht mehr – bedeutend stiller und ausgeglichener. Es hatte schon einige Fehl-, Rück- und Tiefschläge in Kauf nehmen müssen. Einzelne Gebrechen machten sich bereits bemerkbar, und die Kräfte hatten ein wenig nachgelassen.

Es mußte an seine Vorgängerin denken. Ganz so schlecht und daneben war das letzte Jahr eigentlich auch nicht gewesen. Vielleicht mußte man zufrieden sein, wenn man nicht hinter dem Ergebnis des letzten Jahres zurückblieb. Im Stillen tat es dem alten Jahr Abbitte, und aus seinem Herzen stieg die Bitte empor, daß ihm ein gnädiges Jahr folgen möge!

Es war einmal ein Süchtiger ...

Noch befand er sich nicht in der Hochphase der Sucht, in der eine Heilung kaum noch denkbar ist. Aber immerhin! Wer hätte das auch gedacht! Rein äußerlich sah man ihm wirklich nichts an. Sein Aussehen, seine Bekleidung und sein Verhalten unterschieden sich nicht oder nur unwesentlich von dem anderer Menschen, gesunder Menschen. Aber eben, – so kann man sich täuschen!

Als es herauskam, entstand in seinem ganzen Um- und Freundeskreis ein hilfloses Fragen und ein fragloses Helfen. Noch nicht laut, aber hinter der hohlen Hand wurde die Frage diskutiert: In was ist er denn hineingeraten? Auf welchem Gebiet hat die Sucht ihn heimgesucht?

Etwa Drogen? – Doch es waren keinerlei Anzeichen von Halluzinationen auszumachen.

Alkohol? – Dazu fehlten einfach die allseits bekannten sichtbaren Zeichen.

Etwa Nikotin? – Aber das wäre dem Spürsinn geruchgeübter Nasen nicht entgangen.

Naschsucht? – In keinem Papierkorb oder Abfalleimer entdeckte man die Verpackungen von Schokolade oder dergleichen.

Was könnte es sein? – Die „handelsüblichen" Süchte kamen alle nicht in Frage. Doch die Stunde der Wahrheit kam rascher, als man dachte. Er selbst hatte sich entlarvt. Nicht aus Versehen, – nein, ganz bewußt und gezielt.

„Wenn ich so weitermache", sagte er zu Freunden und Angehörigen, „gibt es für mich keinen Ausweg mehr aus der Sucht. Darum Schluß damit: ich höre auf! Dies ist meine letzte – Parabel, die ich schreibe!"

Es war einmal ein Punkt . . .

Schon sein ganzes Auftreten wirkte eher unscheinbar und bescheiden. Womit hätte er auch Eindruck machen sollen? Es hing wohl damit zusammen, daß er klein von Statur war. Bisher hatte ihn das auch nicht weiter bewegt, wie man eben oftmals im Leben Gegebenheiten einfach hinnimmt, ohne sich groß Gedanken darüber zu machen.

Bei einem Kongreß der Gewerkschaft A & I (Alphabet & Interpunktion) passierte aber urplötzlich folgendes:
Einige Großbuchstaben standen ganz nahe bei dem Punkt und diskutierten heftig. Als der Punkt wegen seiner Erkältung etwas hüstelte, sahen die Großbuchstaben das als Einmischung in ihr Gespräch an. Und nun zogen sie über den Punkt her. Die Beschimpfungen lassen sich kaum zu Papier bringen. Aber getroffen hat den Punkt vor allem, daß sie ihm sagten: Wenn nicht sie, die Großbuchstaben, den Beginn eines neuen Satzes markieren würden, könnte man den Punkt vorher sowieso nicht erkennen.
So Kleine übersieht man eben. Daraus läßt sich leicht ableiten, wie unwichtig sie sind.
Das hat dem Punkt dann doch zu schaffen gemacht. Aber nicht genug damit. Der Doppelpunkt, also ein naher Verwandter von ihm, hatte sich auch eingemischt, mit den Großbuchstaben solidarisiert und auf ihn eingehackt. Arrogant hatte er behauptet, er würde immer wichtige Aussagen einleiten — ganz im Gegensatz zum gewöhnlichen Punkt.

Als der Redestreit überzuschwappen drohte, mischte sich der Vorsitzende der Gewerkschaft A & I ein und fällte ein weises Urteil. Zur Aufwertung des Punktes verlieh er diesem die zusätzliche Funktion als Schlußpunkt. Jetzt prangt also der Punkt auch am Ende dieser Parabel.

,,Bis hierher und nicht weiter!'' sagte er mit neuem Selbstbewußtsein. Und ich füge mich dieser Anordnung. Schlußpunkt.

Weitere Bücher von Dieter und
Vreni Theobald im Brunnen Verlag

Kinder, sind das Zustände
Was ist nur los bei Isaaks?
Tips für ein gutes Familienklima

80 S., Taschenbuch, Best.-Nr. 113 481

„Ein anschaulicher Elternratgeber, der – anhand der
biblischen Familie Isaak – Beziehungsprobleme in der
Familie aufzeigt und Lösungsmöglichkeiten bietet."
ZDF-Leseempfehlungen

Was heißt hier Midlife-Krise?
Die besten Jahre des Lebens –
und wie man sie heil überstehen kann

96 S., Taschenbuch, Best.-Nr. 113 500

Was ist dran an der vielzitierten Krise, die uns angeblich die
besten Jahre des Lebens verdirbt?
Dieter und Vreni Theobald geben offen Einblick in die
Schwierigkeiten und Chancen der „besten Jahre". Jenseits
der Vierzig geht es keineswegs bergab. Neue, andere
Lebensmöglichkeiten wollen entdeckt und wahrgenommen
werden.